JN251741

Zygmunt Bauman

Bauman

Strangers at Our Door

自分とは違った人たちとどう向き合うか

難民問題から考える

ジグムント・バウマン

伊藤 茂 訳

青土社

Bauman Door

Zygmunt

自分とは違った人たちとどう向き合うか　目次

自分とは違った人たちとどう向き合うか　難民問題から考える

第1章　移民パニックとその利用（悪用）

一般市民の関心を集め、その不安や恐怖心のはけ口にもなるテレビニュースや新聞の見出し、政治演説、ツイッターは、今や「移民危機」関連のもので溢れている。まるでそれがヨーロッパ中を席巻し、私たちの大切な生活を破壊しようとしているかのようだ。この危機は今では政治的に正しいコードネームとなっており、世論形成に携わる人々による一般市民の心や感情を征服するための永続的な戦闘がどの段階にあるかを示している。こうした戦闘の場からの報告がもたらす衝撃は、まぎれもなく「モラル・パニック」（ウィキペディア英語版によれば「大勢の人々の間に広がる恐怖心によって社会の安寧が脅かされている状態」）を引き起こそうとしている。

だが、こう書き記している間にも、無関心や道徳的な無知から生まれるもう一つの悲劇が私たちを襲おうとしている。視聴率に敏感なメディアと結託した世論が、しだいにしかし容赦なく「難民の悲劇に対する麻痺状態」に近づいている、という証拠が次々と明らかになっているのだ。溺れた子供たち、急ごしらえの壁、有刺鉄線が張られた塀、過密状態の収容施設、辛うじて難を逃れた人々、安全を求める旅の途中で苦難を味わった難民を厄介者扱いし、侮蔑的な態度で扱おうとする各国政府、これらのあらゆる悲劇や非人道的で違法な行為が、ニュースにもならなければ「ニュースに登場する」ことすらなくなっている。残念ながら、こうした衝撃も日常のありふれた出来事に変わろうとしており、モラル・パニックも収まって意識や視界から消え、忘却のヴェールに包まれようとしている。オーストラリアに避難所を求めるアフガン難民がウーメラ〔南オーストラリア州中央部の町〕の有刺鉄線に体当たりしたり、オーストラリア政府が「難民の領海侵入を防ぐために」ナウルやクリスマス島の巨大不法入国者施設に彼らを監禁したりしている事実を誰が知っているだろうか。スーダンからの数十名の亡命者が「国連難民高等弁務官事務所によって自らの権利を奪われた後[1]」、カイロの難民センターで警察官によって殺害されている事実を誰が知っているだろうか。

大量移民は決して新しい現象ではなく、近代の初めから発生していた（いくども変化が起こり、その方向が変わったこともあったが）。私たちの「近代的な生活様式」には、「余剰な人々」（地元では経済発展の「役に立たない」（過剰で雇用できない）人々や、社会・政治変動やその後の権力闘争による政情不安や紛争の結果、地元では雇用先がない人々）の生産がつきものである。しかし、それに加えて、私たちは今や中東地域における深刻で先の見通せない政情不安の余波を被っている。そうした政情不安は、西欧諸国による近視眼的で不毛な政策や軍事的冒険の後遺症に他ならない。

そして、現在大量の移民を生み出している地域の側に二つの要因があるように、それを受け入れる側にも二つの面があり、それが複雑な反応につながっている。一方で、経済移民や難民が避難所を求める「先進国」の財界人や経営者は、安価な労働力となって利益をもたらしてくれる高い技能を持つ人材を求め、歓迎している（ドミニク・カシアーニが要約しているように「イギリスの経営者は、ヨーロッパ大陸で外国人労働者の身元を特定し契約にこぎつけようと奮闘している雇用機関と同様、どうすれば安い外国人労働力を得られるか知っている」[2]）。他方で、社会的地位が不安定で、すでに生活を脅かされていて、先行きの見通しが立たない多くの市民にとって、移民の流入は、労働市場における競争の激化や、不確実性の増大、生活向上の機会の減少をもたらす。その結果、政治的な火種がくすぶっている状態となり、政治家たちは企業経営者を満足させながら、有権者の不安を和らげるという、両立しがたい政策の間を右往左往している。

現実が示すように、今後も長期間にわたって大量移民の流れは続きそうである。それを促す要因に事欠かないし、それを止めようとする試みも行われていないためだ。ロバート・ワインダーがその著書の第二版で的確に指摘しているように、「われわれは好きなだけ砂浜で椅子に座っていられるし、迫りくる波に叫び声を上げることもできる。しかし、波がそうした叫び声を聞いてくれることはないし、海が後退することもない(3)」。移民の流入を堰き止めるために「われわれの裏庭に」壁を建設することは、古代の哲学者ディオゲネスが生まれ故郷のシノーペの道路沿いで住処にしていた樽を転がす物語と、滑稽なほどよく似ている。その奇妙な行動の理由を尋ねられたディオゲネスは、隣人が玄関にバリケードを築き、剣を研いでいるのを見て、迫りくるマケドニアのアレクサンドロス大王の軍隊に征服されないよう、自分なりの方法で町を守ろうとしたためだと答えた。

しかし、ここ数年、ヨーロッパの玄関をたたく移民の数は飛躍的に増大している。その原因は、「破綻」国家やすでに破綻を来している国家の増大、事実上国家を失って無法状態となった地域における部族や宗派間の戦争、大量殺戮や暴力にある。その原因のほとんどが、アフガニスタンやイラクをめぐる致命的な判断ミスや、無謀な軍事遠征に伴うコラテラル・ダメージ（巻き添え被害）によるものであり、こうした現象は独裁体制を転覆して、暴力の狂乱の場に変えた後で発生している。さらにこうした暴力の増大は、統制を解かれたグローバルな武器取引（国際的な武器展示会で誇らしげに公開されることが多い）や、利益至上主義の兵器産業によって促され、貪欲にGNPの増大にはげむ各国政府からの暗黙の支援も受けている。放縦な暴力が横行する中で家財を放棄せざるをえなくなり、殺戮の場を逃れようとする難民の数は、不毛の地から豊饒な地への移動（何の希望もない貧しい国からチャンスに溢れる夢の国へ）というあまりにも人間的な欲望に駆り立てられた「経済移民」の着実な流れを上回るようになっている。一定の生活水準を求める人々の着実な流れ（原始の時代からの着実な流れであり、近代産業の興隆に伴って余剰な人々の流れが加速した）[4]については、ポール・コリアが次のように述べている。

一番目の事実は、世界全体の経済成長が数十年も続いたにもかかわらず、貧しい国と豊かな国の所得格差が異様なほど拡大し、それが放置されてきたことである。二番目の事実は、フィードバックのしくみが弱すぎるために、移民によってもその格差を埋められないことである。三番目の事実は、移民の波が継続するのに伴って、今後も数十年にわたって離散者の数が増加していくことである。その結果、所得格差が拡大し続ける一方で、移民を促す要素も増大していくことになる。それに伴って、貧しい国から豊かな国への移民の波は加速し、近い将来も国境を超えるその波は止まりそうもない。われわれは平衡状態が崩れ始めるのを目撃しているのだ。(5)

コリアの計算によると、一九六〇年から二〇〇〇年の間に「発生したことは、貧しい国から豊かな国への移民が二〇〇〇万人以下から六〇〇〇万人以上に増加したことである（彼が執筆した時点では二〇〇〇年までの統計しか活用できなかった）。さらに、この増大は一〇年ごとに加速している。合理的に推測すれば二〇〇〇年以降この流れは加速したと思われる」。こうした流れや勢いを考えると、貧しい国と豊かな国の人々は容器の中の液体のような状態にあると言えよう。つまり、移民の数は、グローバル化する地球の中の「発展が終わった」地域と「発展途上の」地域の間でつりあいがとれる地点まで増大する傾向がある。ただし、そうした結果はすべて確率の問題であり、到達するまでには何十年もかかり、歴史の運命による予期せぬ出来事によって遮断される可能性もある。

近代の初頭から、非道な戦争や独裁体制、飢餓や先行き不安から逃れようとする難民が玄関のドアをたたき続けてきた。これらの玄関の内側にいる人々にとって、難民は常に見知らぬ人々であり、今でも見知らぬ人々であることに変わりはない。見知らぬ人々が不安の源となるのは彼らが「見知らぬ」人々であるためだ。おまけに彼らは、私たちが常日頃交流を重ねていて、どんな行動をとるのか予測できる人たちと違って、予測できないがゆえに不安を掻き立てる。私たちが知りうることといえば、そうした見知らぬ人々の巨大な流れが、私たちが大切にしているものを破壊したり、私たちの日常生活を損なったりする恐れがあるということだ。私たちは通常、町の街頭や職場で親しく交わってきた人々を敵か味方かに分類して、歓迎したり許容したりする。ただし、それらの人々をどう分類しようとも、彼らに対してどう振る舞ったらいいか、どう交流したらいいのかは、よくわきまえている。ところが、見知らぬ人々についての情報は皆無に等しいので、彼らの戦略を適切に解釈することができず、彼らの狙いは何なのか、次に何をするのかを予測して適切な対策を講じることができない。そして、私たちが作ったものではないがゆえにコントロールできない状況の下で、どのように振る舞い、どう対処したらいいのか分からないことが、不安と恐怖心の元になるのだ。

こうした事態は、「私たちの真ん中に見知らぬ人々がいる」状況につきものであり、多かれ少なかれ、あらゆる分野の人々を悩ましている。人口の密集する都市部はいやおうなく、次の二つの矛盾した感情を生み出す。一つめが「混交愛」（未知の予期せぬ経験を予感させるがゆえに、冒険や発見の楽しみを約束してくれる、多様で矛盾した環境に惹かれること）であり、二つめが「混交恐怖」（未知の、飼い慣らせない、当惑させ、支配できないものに対する恐怖心）である。前者は都市生活の持つ大きな魅力である。しかし、後者についてはまったく逆である。その隠れた危険に死ぬまでさらされ続けるのは、「ゲーテッド・コミュニティ」に住んでいるおかげで人口密集地の不快で恐ろしい喧騒を遮断できる豊かで恵まれた人々ではなく、いたる所にしかけられた無数の罠や待ち伏せ攻撃の危険に満ちた、信用のおけない厳しい都市環境に住まざるをえない恵まれない人々である。アルベルト・ナルデッリが「ガーディアン」紙の二〇一五年一二月二日号で報告しているように、「四〇％余りのヨーロッパ人が、移民問題はＥＵが直面する最大の懸念事項だとしている。ほんの一年前、同じことを語っていたのは二五％以下にすぎなかった。そして今やイギリス国民の二人に一人が、移民はこの国が直面するもっとも重要な問題の一つだと述べている」(6)。

しかし、この規制緩和が進み、中心が複数になり、変調を来してしまった世界で、私たちを不安にし、家のない新参者に対する恐怖心を抱かせ、彼らに対する敵意を掻き立て、暴力を招いたりするものは、都市生活に特有のこうした矛盾だけではない。見放された痛ましい無力な移民を利用したり悪用したりすることも、それを後押しする。それに加えて、規制緩和後に特有の生活様式や共生のあり方が引き金となった、二つの要素を特定することができる。二つの要素はそれぞれまったく異なっており、そのため異なるカテゴリーの人々に影響を及ぼしている。二つの要素はともに、移民に対する怒りと嫌悪感を高めているが、自国生まれの集団の種類によってそのあり方は異なっている。

第一の要素は、イソップ童話「ウサギとカエル」[7]に描かれているパターンを多少現代風にアレンジしたものである。この童話に登場するウサギたちは他の動物たちから虐げられ、どこに向かったらいいのか途方に暮れている。ある日、ウサギたちは野生の馬が暴走してくるのを見てパニックに陥って湖に向かい、こんな恐ろしい目にあいながら生きるより、いっそのこと溺れ死んだ方がましだと考える。だが、湖の岸にさしかかると、ウサギの接近に驚いたカエルの一群がいっせいに水に飛び込んだ。それを見たあるウサギがつぶやいた。「事態はそれほど悪くないのかもしれない」と。こわがって死を選ぶ必要などないというわけだ。この童話のメッセージは非常に明快である。このウサギは常に自分より悪い境遇にある者がいることに気づいて安堵したのである。

自分たちのことを、イソップ童話に登場する「他の動物たちから虐げられる」ウサギと同じ境遇にあると考える人々は人間社会にも数多く存在し、その数は最近数十年間増え続けていて増加は止みそうもない。彼らは、自分たちを仲間外れにしながら例をみない快適さや富を誇っている社会の中で、みじめで不名誉な生活をおくっている。「他の（人間）動物たち」から常に嘲られ非難されてきたわがウサギたちは、他の人々から見下され価値を否定されて気分を害しながらも、生活レベルを引き上げることができず、自己嫌悪に苛まれ、嘲られ、辱められてきた。誰もが「自分自身のためである」ことを想定され期待され促される社会の中で、他の人間たちから敬意や配慮や承認を拒まれている人間ウサギは、「他の動物たちから虐げられているイソップ童話のウサギ」と同じく、悪魔の戦利品にふさわしいものとみなされてきた。そして「最底辺」に追いやられ、信頼のおける救済や逃亡の約束はもちろんのこと、何の希望もなく、長年そこに放置されてきた。

自分たちは最底辺に追いやられていると考えるこれらの除け者たちにとって、下には下がいるのだという事実の発見は、魂が救われるような、尊厳と自尊心を取り戻せる出来事である。実質的のみならず、法律上も人権を奪われた住む場所のない大量の移民の到来は、（めったにない）そうした発見の機会になる。このことは、最近の大量移民の到来と、外国人恐怖症やレイシズム、狂信的なナショナリズムの高まり、さらには唖然とするほどの外国人排斥や人種差別主義、愛国主義を掲げる政党や運動、排外主義的な政治指導者の選挙での例をみない成功が重なっている理由を説明するのに役に立つ。

マリーヌ・ル・ペン党首率いる国民戦線は、「フランス人のためのフランス」[8]を声高にあるいはそれとなく唱えて支持を集め、フランス社会の底辺の人々（権利を奪われ、差別され、困窮し、排除を恐れる人々）の票を多く獲得した。（今のところ）社会からの公式の排除ではないにせよ、実質的に排除されてきた人々からのそうした叫び声は無視することができず、結局のところ、ナショナリズムは、彼らのすでに失われているか、失われようとしている自尊心に対する救命ボートの役目を果たしている。アメリカ南部の各州の「白人のゴミ」を極度の自己嫌悪から救ったものは、彼らに与えられている唯一の特権であるその白い肌すら否定された黒人の存在である。そしてまた、フランス人男性（あるいはフランス人女性）であることは、自分たちの同類を、最上位にいる善良で気高くて力のある人々と同じカテゴリーに収める一つの（唯一の?）特徴であるが、それと同時に彼らを、悲惨な境遇にある外国人や国家なき新参者よりも上位に据えるものでもある。フランス生まれのミゼラブル（悲惨な境遇の人々）は、移民が自分たちの追いやられている場所より下に位置するおかげで、自分たちの境遇もそれほど悪くはないと考え、ある程度甘受し、許容するようになる。移民はかろうじて生き延びていると語られる必要がある。そのことによって、多少なりとも、またよかれあしかれ、フランス人男女の気が晴れるからだ。

そして、避難所を求める巨大な難民の流れに対して憤りを感じる、もう一つの特別な理由がある（それは、見知らぬ人々に対する「一般的な」不信感の域をはるかに超えている）。その理由は、社会のさまざまな分野の人々にアピールするものだが、チャンスが与えられずに絶望しているか、チャンスを与えられずにいるイソップ童話のウサギの人間版にというよりも、新たに登場した「プレカリアート」、つまりは自らが大切にしている恵まれた業績や資産、社会的地位を失いそうな人々にアピールするものである。

私たちの町に突然大量の見知らぬ人々が出現したからといって、それは私たちのせいではないし、私たちはそうした状況を食い止めることができない。誰も私たちに意見を求めることはないし、誰も私たちの同意を求めない。引きも切らない新たな難民の波が（ベルトルト・ブレヒトを想い起こせば）「悪いニュースの前兆」として私たちの怒りを掻き立てる。移民は統率力が失われて混乱している秩序崩壊の状態を体現するものである（私たちが「秩序」、つまりは、原因と結果の関係が安定しているために予測可能で、その範囲内でどう始めたらいいか判断できる状態をどう考えるかは別にして）。移民は、軽佻浮薄な狂乱の一九二〇年代の「広告マン」の現代版（「改良されていて」、もっと真剣に扱ってもらえるもの）であり、「われわれの知る世界の終わりは近い」と唱える人々で溢れている市街地で生き延びている。ジョナサン・ラザフォードの辛辣な表現を借りれば、「彼らは地球の端からわれわれの玄関先に不吉な知らせを運んでくる」[9]。彼らは私たちを目覚めさせ、私たちが忘れ去りたいことや、待ち望んでいることを思い出させる。はるか遠く離れているため、ときには聞こえることがあっても、ほとんど目に見えない、不可解で不鮮明で想像しがたい力や、私たちの生活に干渉するほど強力でありながら、私たちの嗜好を無視している力を私たちに想い起こさせる。こうした力の巻き添えになった犠牲者たちは、ある種の屈折した論理によって、それらの力の前衛部隊（今や私たちのど真ん中に要塞を設置している）とみなされてしまう傾向がある。自らの選択ではなく冷酷な運命の評決によって放浪者となったそれらの人々は、苛立たしくて癒しがたいほど脆弱な私たちの立場や、私たちが苦労して勝ち取った幸福のもろさを想い起こさせる。

不愉快な知らせをもたらす使者を非難し処罰するのは世の常であり、人間的なあまりに人間的な習性である。このケースにおける知らせは、不可解で計り知れず、恐ろしくて、怒りを呼び起こすグローバルな力からのものであり、それを（健全な理性を持った）私たちは、私たちの自信を打ち砕き、意欲や夢や生活設計を台無しにするような、現代の存在の不確実性がもたらす苦痛や屈辱感の原因ではないかと疑っている。そして私たちは、そうしたグローバリゼーションのとらえがたい力を抑えられなくても、少なくともそれが私たちにもたらす怒りの矛先はそらすことができるし、身近にあるその生産物に怒りを向けることもできる。もちろん、それによってトラブルの原因が一掃されるはずもないが、少なくとも当面の間は、この世界の中で私たちが置かれている場の不安定さに抗えない無力感や屈辱感を振り払ってくれる。

こうした屈折した論理と、それが生み出すものの見方、それが解き放つ感情は、その上で放牧を行う多くの集票屋たちを魅了する肥沃な牧草地であるがゆえに、彼らがこの機会を見逃すはずはない。つまり、こうした見知らぬ人々の流入が引き起こす不安につけ込むことは、現職の政治家や将来政治家になろうとする人々にとって抗いがたい誘惑である。見知らぬ人々の流入が、すでに下落している賃金をさらに引き下げ、希少な仕事を求めて並んでいる人々の長い列をさらに長くする（と予想される）ためだ。

政治家たちがこの機会をとらえるために繰り出す戦略はさまざまだが、次のことは明確にしておく必要がある。つまり、人々を分断したり、距離を隔てたり、橋の代わりに壁を作ったり、緊密な意思疎通用のホットラインの代わりにその流れを遮断したりする（そしてまた、自分の手を汚さず、寛容なふりをしながら無関心を表明する）政策は、結局のところ、相互不信や離反や悪化を招くだけだということだ。当面の間、見えないところに置いておくことで安心感を与えるような場当たり的な政策は、将来、爆発する恐れのあるものを貯めておくのも同然である。それゆえ、同じように、一つの結論を明確にしておく必要がある。つまり、現在の不快さや将来の苦しみから抜け出すただ一つの道は、分離や分断という危険な誘惑を拒否することによって開けるということである。私たちの時代の「一つの地球、一つの人類」という現実に向き合おうとしなかったり、関与を拒んだり、自らを柵で囲んで苛立たしい差異や相違から逃れたりするのではなく、彼らとの親密な接触を図る機会を見つけなければならない。言い換えれば、場当たり的で思いつきの、分断を深めるだけの方策の代わりに、地平の融合という結果につながる政策が求められる。

もちろん、こうした方策を選択したからといってトラブルのない生活が約束され、細心の注意が必要な仕事が簡単になるわけでないことは、私も十分承知している。それどころか、今後、非常に困難で紆余曲折に富んだ、いばらの時代の到来が予想される。不安を鎮める即効薬など存在しない。それに加えて、それがさらなる恐怖心の引き金を引いて、既存の疑念や敵意をいっそう高める可能性もある。しかし、だからといって、この問題に対する別の、もっと快適で、リスクの少ない、近道の解決策があるとも思えない。人類は危機のさなかにあり、人々の連帯以外にこの危機を抜け出す道はない。相互不信から抜け出す道に立ち塞がる最初の障害物は対話の拒絶である。言い換えれば、無視や無関心から生じると同時に、それらをいっそう強める沈黙である。したがって、こうした状況については、愛と憎しみという二項の関係で考えるのではなく、愛、憎しみ、無関心もしくは無視という三項の関係で考える必要がある。

私たちが置かれている二〇一六年初頭の状況は救いがたいほど矛盾に満ちており、それを明確に理論化して実行に移そうとすると、かえって多くのリスクを抱えそうである。それは近道の解決策を受けつけるものではなく、仮にそうした解決策が考え出されたとしても、この地球を現在の苦境よりも破壊的な長期にわたる脅威にさらさずに、それを実行に移すことは困難である。どの選択肢を取ろうと、それが私たちの共通の未来に（おそらくは長期間）影響を及ぼすことは必至であり、そうした理由から、将来の見通しに悪影響を及ぼすことを避けながら、そうした危険性を減らす見通しを持たねばならないことを銘記すべきである。少なくとも、互いに無関心でいることはこうした条件に適わない。

この問題については第4章で立ち戻ることにする。そこでは、そうしたことがまだ問題にもならなかった二世紀以上も前のカントの勧告を想い起こし、熟考し、その内容を更新することにする。

ここでは、フランシスコ法王が発したメッセージを想い起こしておこう。私が思うに法王は、現在の試練や苦難に関わろうとしないことでポンティウス・ピラトゥス〔ローマ帝国のユダヤ属州総督、イエスの処刑に関与〕のようになってしまう危険性に加えて、そのことによって私たちすべてが被害者であると同時に加害者になってしまうと警告している数少ない公人の一人である。法王は二〇一三年七月八日、現在の「モラル・パニック」の震源地であり、モラルが完全に破綻し始めた場所でもあるランペドゥーサ島を訪れた際、無関心の持つ悪や罪について次のように語っている。

私を含めたどれほど多くの人たちが方向性を失っていることでしょう。私たちはもはや、自分が生きている世界を気遣おうとせず、配慮することもありません。神が人々のためにお造りになったものを守ろうとせず、互いに気遣おうともしません。そして、人類全体が忍耐力を失ってしまえば、これまで目にしてきたような悲劇に見舞われることになります……私たちのきょうだいが血を流したのは誰の責任なのか問わねばならないにもかかわらず、誰の責任でもないと私たちは答えます。それは私の責任ではない、私とは関係がない誰かの責任に違いない、それが私でないことは確かであると……今日、誰も責任を感じず、きょうだいに対する責任感を失っています……このような自分のことしか考えない慰めの文化によって、他人の叫びに対して鈍感になり、居心地はよくても空っぽなシャボン玉の中に住んでいるのです。それがもたらすものは空虚な幻想に他ならず、その行き着く先は他人に対する無関心です。それは無関心のグローバル化につながります。このグローバル化した世界の中で、私たちは他人の苦しみに慣れてしまっています。つまり、それが私に影響を及ぼすことはないし、私の関心事にはならないし、他人事にすぎないというわけです！

フランシスコ法王は私たちに訴えかけている。「私たちの心の中に潜んでいるユダヤのヘロデ王〔紀元前七三―四、キリスト生誕時のユダヤ王、救世主の誕生を恐れ、幼児虐殺に関与したとされる〕を一掃しようではありませんか。われらが主にお願いしてみましょう。私たちの無関心を嘆き、こうした悲劇的状況を招く社会的・経済的な決定を匿名で行っている、私たちの世界や心やすべての人々の残酷さを嘆き悲しんで下さるようにと」。法王はこう述べてから、次のように問いかけている。「誰かが涙を流しているのではないでしょうか。今日、世界の誰かが嘆き悲しんでいるのではないでしょうか」。

第2章　避難所を求めて浮遊する難民たち

『ザ・ショーター・オックスフォード英語辞典』は、「security（安全）」を、「危険から守られている状態、あるいは危険にさらされていない状態」と定義している。しかし、その一方で「安全な状態にするもの、保護や護衛や防衛を行うもの」とも定義している。おかげでこの言葉は、安全な状態とそうした状態をもたらす手段を結びつける有機的で（一回限りで固定され封印される）選択的な親和力をうかがわせる、特別な（ただし一般的でなくもない）言葉になっている（たとえば、「nobility（高貴さ・高貴な生まれ）」という言葉のようなある種の統一性を持っている）。この特別な言葉が示す状況は、ほとんどの人から疑問の余地なく認められ切望されており、人々がそれに向ける称賛と敬意の念は、その任務を担う公認の護衛や監視人にも向けられる。こうした状況をもたらす手段も同じ栄誉に浴し、誰もが認めるその望ましさを分かち合う。こうした環境が整うと、あらゆる条件化された作用がそうであるように、まったく自動的に予測可能な行動パターンが生じることになる。あなたは不安を感じているだろうか。治安要員を増やして欲しいとか、危険を免れるためのセキュリティ製品を購入して欲しいなどと要請しているだろうか。それとも、あなたを政治家に選んだ人々は、治安が守られていないと訴えているだろうか。もしそうなら、より多くの警備員を雇って、彼らが必要だと考える行動（彼らが選ぶ行動がどれほど忌まわしくて不愉快なものでも）を自由に行わせ、自分が彼らにどんなことを行わせたか広く宣伝しよう。

「安全保障化（securitization）」という言葉も、これまで知られておらず辞書にも載っていなかったが、最近、公の場に登場すると、たちまち政治家やメディアの用語になった。この新語の持つねらいは、これまで他のカテゴリーに属すと考えられ、「不安（insecurity）」の実例などとされていたものを分類し直して、それらを治安機関の管轄や監督や監視領域に移すことで、ほとんど自動的に新たな意味を割り振ることにある。もちろん、この自動的という条件がなくても、それらの意味の曖昧さのおかげで、その割り振りは簡単に行われるが。条件づけられた反応であることで、長々しい議論や骨の折れる説得を行わずに新たな分類が行われる。言い換えれば、ハイデッガーの「世人（ダス・マン：他の人と同じように考え、振る舞う人）」やサルトルの「ひと」（「ものごとはこうするものだ」と考える人）の権威によって、その新たな意味は自明なものになり、人目につかず、異議申し立てにもさらされずにすむ。条件づけられた反応は、それ自体論理のサーチライトが当たらない距離にあるため、反省の対象にはならないのだ。そうであるがゆえに政治家は曖昧な言葉に頼ることになる。つまり、それによって自らの作業が容易になり、自らの行動に対する一般の人々の事前承認を予想することができる——たとえ、約束された結果が得られなくても。そのおかげで、政治家たちは、自分は選挙民からの訴えを真剣に受け止めていて、それらの訴えを処理するのに必要な権限を迅速に行使していると、彼らを説得することができる。

ごく最近のニュースの見出しからランダムに拾い上げた一例を示してみよう。「ハフィントン・ポスト」紙はパリでの同時テロの発生直後に、次のように報告している。

フランスのフランソワ・オランド大統領は、金曜の晩に発生したパリの同時多発テロ事件の後、フランス全土に国家非常事態宣言を発令し、国境を閉鎖した……同大統領はテレビの声明で短く「恐ろしいことだ」と述べ、招集した閣議では「国家非常事態を宣言する。それに続く措置は国境の閉鎖である」とつけ加えた。続いて「テロリストが入国してこうした行動を起こすのを止めなければならない。同時に、こうした事件に関わった人間が出国しようとしたら逮捕しなければならない」とも述べた[1]。

「フィナンシャル・タイムズ」紙は、「オランド、パリ事件後の権力掌握」という単刀直入の見出しで、同大統領の対応について報告している。「オランド大統領は、一一月一三日のテロ攻撃直後に国家非常事態を宣言した。これにより警察は令状を持たずに家宅捜索を行ったり、集会や会合を解散させたり、夜間外出禁止令を発令できるようになる。この命令によって、フランス中の市街地に部隊を配置することも可能になる[2]」。制服を着た警察官が玄関のドアを破ったり、集会を解散させたり、居住者の同意なしに住居に立ち入ったりする光景、これらのすべてが政府の決意表明として強い印象を喚起し、徹底的に「問題の中心部」に踏み込んだり、国民を悩ます治安に対する不安感を鎮めたり、逆にまき散らしたりする。

こうした固い意志とそれに続く決意表明は、（ロバート・マートンの印象深い言葉を借りれば）これらの光景が持つ「顕在的」機能である。一方でその「潜在的」機能はこれとまったく逆であり、（既存の状況の弱点や増殖性によって生み出される）不安定な環境から生じる人々の複数の経済的・社会的苦悩を「安全保障化する」プロセスを促し、円滑にするものである。

結局、前述の光景が、国家の緊急事態や、軒先に潜む敵、陰謀や共謀の雰囲気、ようするに国家や私たちのコミュニティが重大な危機に直面しているという雰囲気を生み出すのである。そうした光景は、「そこ」にいる人々を、それに見舞われそうな人々を恐ろしい大惨事から守る（唯一のかけがえのない？）盾の役割にしっかりと固定することになる。

こうした光景の持つ顕在的機能がうまく働いているかどうか問うても、あまり意味がない。だが、その潜在的機能がうまく働いていることは確かである。一国のリーダーがその力（と自らが指揮する治安機関の力）を誇示した効果は即座に表れ、それまでの世論調査で一九四五年以降もっとも不人気な大統領であったオランドの支持率は急上昇した。二週間後に、ナタリー・イズリーは「パリでの出来事の後、オランドの人気は三年間で最高になった」という単刀直入の見出しで、その効果を要約している。

火曜日に実施されたある世論調査によると、それまで二〇％だったオランド大統領の支持率は一二月には三五％へと「例をみないほど」上昇し、二〇一二年の一二月以降最高になった。フランスの日刊紙「ル・フィガロ」によると、世論調査機関ＴＮＳソフルの調査で、三五％のフランス人がイスラム国（ＩＳＩＳ）の主張するテロ攻撃へのオランドの対策を支持すると語っており、八月の一三％から急上昇した……フランスの週刊誌「パリ・マッチ」と「あなたのラジオ」のために調査機関ＩＦＯＰが火曜日に公にした世論調査でも、大統領の支持率は急増しており、九八三人のフランス市民を対象とした支持率は一一月の二八％から一二月の五〇％に上昇した。[3]

広範に広がった生存に関わる不安はまぎれもない事実である。それは、政治指導者が労働市場の漸進的な規制緩和と労働の「柔軟化」を自慢する一方、社会的地位の脆弱性が増大し、社会的に承認されたアイデンティティの不安定さが拡大し、プレカリアート（ガイ・スタンディングが生み出した新たな社会的カテゴリーで、流砂の上を歩かざるを得ないことが特徴である）が絶えず増大している点で悪名高い私たちの社会にとって頭痛の種である。多くの意見とは逆に、この不安は、有権者の票を求める政治家や、パニックを広めることで利益を得るメディアの産物にとどまらない。しかし、さまざまな分野の人々の生存条件に組み込まれたこの現実的なあまりにも現実的な不安が、いってみれば政治家という製粉工場にとっての歓迎すべき穀物に他ならないことも事実である。こうした不安は、今日の統治技術を生み出す、主要な（おそらくは最高の）材料に変えられようとしている。

政府は市民の不安を和らげることには関心がない。彼らが関心を寄せるのは、未来の不確実性から生じる不安と着実かつ広範な不安感の増大である。この不安の源泉はさまざまな場所に据えることが可能であり、閣僚たちに自らの力を誇示する機会を与える一方、力不足のために職務に対処できずに悩んでいる統治者の姿を隠してくれる。「安全保障化」は計算された手品師のトリックであり、不安を、政府が対処できない(あるいは対処に乗り気でない)問題から、熱心にそして(ときには)首尾よく対処できそうな(連日テレビ画面に登場する)問題にシフトさせることも含んでいる。前者の対処できない問題の中には、質の高い仕事や信頼性、安定した社会的地位の提供、劣悪化する社会環境からの保護、尊厳の否定を免れることなど、人々の生活条件に関わる重要なものがある——かつては完全雇用と社会全体の安全を約束していた政府が、今では仕事を提供することはもちろん、それを約束することすらできなくなっている。後者の対処できる問題の中で人の心をとらえやすいのが、一般市民の身体の安全と彼らの大切な財産を脅かすテロリストとの戦いである——この戦いは権力の正当性を高めたり維持したり、長期にわたって集票効果を高める役割があるがゆえになおさら魅力的だが、結局のところ、最終的な勝利はおぼつかない(非常に疑わしい)。

ハンガリーのヴィクトル・オルバン首相が発表した「移民はみなテロリスト」という簡潔だが誤解を招く声明は――暗黙のうちに持ち込まれた両者の結びつきと相互の因果関係が一致しているように思われるのに加え、この二つの関連のあるカテゴリーがほぼ完全に重なっているおかげもあって――政府の効果的な生存闘争の大きなカギとなっている。こうした声明の内容は論理的とはほど遠いが、宗旨替えさせたり、洗脳したり、精神をとりこにするには論理など不要なのだ。逆に、それは論理的な信頼性を失うことで、その力を保持するものである。それは着実に失われつつある自らの存在理由を懸命に取り戻そうとする政府にとっては、自らの生存を脅かしている濃くて通過不能な霧の中に響く救命ボートの警笛のように思えたに違いない。

オルバンの発した言葉はすぐにも効果を発揮したが、彼の口から出た財政支出のほとんどは、一一〇マイルに及ぶセルビアとの国境沿いの高さ四メートルのフェンスの建設に充てられた。一二月に行われた意識調査で、「恐怖心」という言葉から何を思い浮かべるかと問われたハンガリー市民の多くが（二三％）、病気や犯罪や貧困ではなくテロリズムを挙げた。市民の全体的なセキュリティ感覚は著しく低下していた。

回答者は、数多くの項目に対して、自らの同感の度合いを〇から一〇〇までの目盛りで示さなければならなかった。たとえば「移民は人々の健康のリスクになっている」(七七)、「移民は基本的にテロリスト攻撃の危険性を高めている」(七七)、「不法に国境を超える人々は収監しなければならなくなろう」(六九)といった具合である。「移民はハンガリーに利益をもたらす。人口問題を解消し、労働力となるからだ」といった項目は、ほとんど関心を引かなかった(二四)。[4]

予想通り、オルバンのフェンスの人気が高いことが裏づけられた。九月の時点の支持率は六八%だったが、三カ月後には「八七%の人々がヴィクトル・オルバンの移民問題への解決策を支持していた」。そうであるがゆえに、出没する不安という亡霊の正体を明らかにしておく必要がある。「ニューヨークタイムズ」のコラムニスト、ロジャー・コーエンが(別の文脈で)簡潔に要約しているように、「大きな嘘が大きな不安を生み、それが強い男に対する期待につながる」のだ。[5]

あえていうならば、恐怖心が高まったときに、それを目に見える具体的な敵と結びつければ、原因が分からないために恐怖心が分散し、点在し、浮遊している場合に比べると、いくぶん耐えやすいものになる。こういうやり方は邪道かもしれないが、満足のいく結果が出ることもある。つまり、いったん実施すべき作業が見つかり、それを行うか否かは私たちしだいだと判断すれば、これから果たそうとする壮大な義務や直面しそうな抵抗に対して、持続的に関わっていこうという気持ちが生じる。そうした作業が困難なものに思えれば思えるほど、私たちは誇りを感じる。敵が強力で狡猾そうに見えれば見えるほど、あえてその敵に宣戦布告する人間の英雄としての地位は高まることになる。ハンガリーの多くの回答者が「大量難民の背後に目に見えない外部勢力が存在する」という項目に賛意を示したのは決して偶然ではない。

（カール・シュミットがその著書『政治神学』で提案したように）国民に向かって、名指しした敵に対する武装を呼びかけて票を得ようとする政治家は、さらなるチャンスを手にすることになる。そうした呼びかけは国民の自尊心を奮い立たせ、それを呼びかける人間は国民から感謝される。少なくとも、社会の中での自らの立場に加えられたダメージや、自らの生活の見通しのなさ（そのすべてが一般の人々からの承認の撤回や、自尊心の喪失につながる恐れがある）に深く傷つき苦しんでいる一部の（その数を増しそうな）国民からは感謝される。それらの人々は、そうした理由により、個人的な地位と尊厳の喪失（たとえ、彼ら特有の立場ゆえに、その価値は低くても）を埋め合わせたいと望んでいるのだから。

最後に、「安全保障化」政策は、苦しむ対象を目にすることで生じる私たち（傍観者）の良心の痛みを事前に抑えるのに役立つ。そのことによって移民問題に対する「無関心化」がもたらされる（つまり、そうした問題や、そうした問題に対してなされる道徳的評価を免れる）。いったん移民が一般世論の中でテロリスト予備軍のカテゴリーに収められると、彼らは道徳的責任の対象外になり、同情や配慮に値しないものとなる。事実、「安全保障化」政策を吹き込まれた多くの人々は、知らず知らずのうちに、そうした哀れな人々の運命に対する責任や、否応なく傍観者を悩ます道徳的な義務の圧力を免れることになる。そうした安堵感のゆえに、しだいに、多くの人々は感謝の気持ちを示すことになる。誰に対する感謝の気持ちかといえば、それは明らかに、腕力が強そうで脅し文句を並べる政治家に対してである。

クリストファー・カトランボーンが「ガーディアン」紙で述べているように、

パリでのテロ攻撃事件とその後に発生した政治的なデマによって、これらの人々はふたたび危険な状況下に置かれることになった。テロから逃れるために海を渡って避難しようとする人々の悲劇の件数は、彼らに対する手厳しい非難や、壁の建設、彼らが市民を殺しに来るという恐怖心のために減少しつつある。彼らのほとんどが中東での戦争を逃れようとしているだけなのだが。しかし、ヨーロッパの人々の怒りと、彼らを祖国から脱出させる暴力との間で板挟みになった難民たちは、ふたたび荒れ始めた海に勇敢に立ち向かっている(6)。

ＭＯＡＳ（漂着難民の救護所）のメンバーであるカトランボーンは、パニックを広めようとする人物ではない。彼は「安全保障化」が進む受け入れ国における難民の運命について、誰よりもよく知っている。彼が属している慈善探索救援組織の統計によると、「連日のように、戦争や貧困や迫害を逃れようと船出した男女や子供たちの溺死事故が発生している。二〇一四年八月以降、ＭＯＡＳは一二〇〇〇人余りを救出した」。カトランボーンは次のように警告を発し、訴えている。

ＥＵの予測では、二〇一七年までに三〇〇万人の難民と移民がＥＵ域内に到達することになる。これは望ましい影響をもたらし、経済を刺激することになろう。本当のところ、彼らがヨーロッパに来るのはこのためであり、今後もこの流れが途絶えることはないだろう。彼らも私たちみんなが求めているもの、つまり、よりよい暮らしを求めているのだ。彼らはわれわれの経済から何かを奪うのではなく、われわれの経済に貢献するのである。たしかに当初は混乱も起こるかもしれないが、われわれが好むと好まざるとにかかわらず、将来、彼らはヨーロッパの一部となろう。

もう一つのコメントも適切である。「安全保障化」は道徳的に冷淡で不愉快なものであり、社会的にも妥当性に欠け、ほとんど根拠がなく、意図的に誤解を招くものだが、それに加えて、本当の（つまり、そう噂されたり誤ってそう非難されたりしている者たちとは異なる）テロリスト勧誘者に利用されている疑いがある。ソーシャル・プラットフォームのピエール・ボーサンの報告(7)（パリ襲撃事件の実行犯のうち、非ヨーロッパ居住者は二人だけだった）によると、「情報調査会社スーファン・グループが新たに調査したところ」、これまでにイスラム国にリクルートされた「EU出身者の数はおよそ五〇〇〇名であった」。ヨーロッパを離れてテロリスト集団に加わり、その訓練を受けた後帰還する若者とは誰なのか。ボーサンのよく調査された説得力のある回答は次のようなものである。

イスラム国に加わったヨーロッパ出身の若者の多くが不遇な家庭の生まれである。最近のピュー・リサーチ・センターの調査によると、「ヨーロッパのミレニアル世代は不当に自国の経済混乱の影響を被っている」「……こうした問題に直面している」ヨーロッパの若者たちは、自らを運命の犠牲者とみなす傾向がある」。こうした社会全体に及ぶ広範な権利剥奪こそ、イスラム国が支持者に吹き込んでいる事柄の重要性や感覚の持つ魅力を説明する手がかりとなる。

「移民問題」を国家や個人の安全保障の問題と結びつけ、前者の問題よりも後者の問題を優先させたりすること、ようするに、一方を他方に還元させてしまうことが、結局は、アルカイーダやイスラム国、その支援者たちがもくろんでいる、次の三つの互いに結びついた目的を後押しし、手助けすることになる。

第一の目的。「預言の自己成就」の論理に従って、ヨーロッパ中に反イスラム感情を掻き立て、その結果、移民とその受け入れ側の溝（亀裂）が埋まらない国において、ヨーロッパ生まれの若いイスラム教徒を公衆の怒りや敵愾心、差別の受け皿にすること。さらには、現在の矛盾や誤解、いさかい、もめごとを、相いれない二つの生活様式や、本当の信仰と虚偽の信仰の間の聖戦という構図に誘導しやすくすること。フランス警察や治安機関による懸命の努力にもかかわらず、現在フランスの都市部に暮らす一〇〇万人余りの若いイスラム教徒のうち、テロリストとつながりがあるとされて登録されているのは、ほんの一〇〇〇人余りにすぎない。それにもかかわらず、すべてのイスラム教徒（とりわけ若者たち）が事前に犯罪の共犯者とみなされている。つまり、犯罪が行われる前から有罪とみなされる結果、彼らと信仰をともにする人々が一般的な違法行為や非行の温床とされ、公衆の怒りや恐怖心の手ごろなはけ口となっているのだ。それは彼ら自身の考えや、彼らが選んだ価値とは無関係であり、彼らが、正式なフランスのパスポートを所持しているだけでは足らず、誠実にまた真摯にフランス人になろうと努力していることとも関係がない。

第二の目的（第一の目的と密接に結びついている）。これは「（受け入れ国における若いムスリムの生活条件や立場が）悪ければ悪いほど、（テロリストの大義にとっては）都合がよい」という原則に従ったものであり、これによって、異なる民族的背景や宗教を持つ人々の間の越境的なコミュニケーションや交流の見通しは、いっそう不透明で想像しにくいものとなる。結局、これに伴って、移民と移民を受け入れる側の相互理解につながる体面的な出会いや会話の機会が事前に排除されてしまうか、最低限に抑えられてしまう――移民が受け入れ国に吸収され統合される可能性については言うまでもない。ジハードに加わろうとしている若い移民が、将来の選択肢を少なくしたいと思ったなら、前述のような可能性を排除することが望ましい。

第三の目的は、前述の二つの目的を実行に移すために、スティグマ（アーヴィング・ゴッフマンが同名の書で詳細に説明している[8]）のしくみを利用することである。『メリアム・ウェブスター辞典』は「スティグマ」を「社会や人々が何かについて持っている否定的で不公平な信念」や「恥辱や不名誉の印」と定義している。言い換えれば、個人や個人のカテゴリーの（消去できそうもない）特徴（そうした特徴を持っている人物を、「私たち、正常な人間たち」（ゴッフマンの言葉を借りれば、「私たちや、私が正常と呼ぶ、特定の期待から外れない人々」）から根本的に隔てる、不気味さや異常性、不可解さ、ようするに異常なもの）のことである。自分自身の（本当のあるいは想像上の）特徴を、他の人々の人間性を測ったり評価したりする尺度にしがちな私たち「正常者」は、「スティグマを持った者を完全な人間ではないと考える」。その直接的な結果が、異常という烙印を押された人々を社会に受け入れることを拒んだり、社会から排除したりすることである。スティグマを押された人々は、自分たちが帰属を求めていた集団から拒絶され、追放されながらも、公然とあるいは心の底から帰属を願っているが、まるで傷口に塩を塗られるように、その集団から追放された上に帰還すら拒まれ、その集団によって下される自らの不完全さや劣等性の評決を承認し、受け入れるよう迫られる。言い換えれば、希望する集団への入団証の発行資格を満たせないのは自らの責任であるとされてしまう。

一般の人々の同意の下に、そうしたスティグマを付与され、スティグマ化された人々は、次の二つの反応を示す可能性がある。第一の反応は、スティグマ化された人間（あるいはそうした傷を共有する人物）が自尊心を大きく傷つけられて屈辱や恥辱感を覚え、耐えがたい逸脱や自己軽蔑を示したり、「広範な社会」の評決を受け入れたりして、うつ状態や無気力状態に陥ることである。第二の反応はそれとはまったく逆で、スティグマ化されたことを不当で侮辱的なものと受け止め、「広範な社会」の評決を覆すか事実上破棄するために、失われた自尊心を取り戻せるほど強力な復讐を呼びかけたり、その行為を正当化したりすることである——できるならば、「広範な社会」が表明し、実践している価値のヒエラルキーを転倒させたいと考える。

その他に第三の中間的で折衷的な反応も考えられる。この種の反応を示す人物は、「他人が求める水準」に達することはできないと自覚しているため比較的傷つくことはないが、

「疎外感によって周囲から孤立し、独自のアイデンティティに対する信念で守られて、自分こそ申し分のない正常な人間であり、他の人々は完全な人間ではないと考える」、とゴッフマンは指摘している。しかしながら、自らの「正常さ」を確信することが、孤独な努力や一人だけで達成できるものでないことはつけ加えておこう。「確信している」という状態を本当に確信する（これは誰かの想像力が生んだ作り事だという疑いを払拭する）ためには集団による確認が必要だが、確信を持って確認を行う資格のある集団は限られている。言い換えれば、重要な他の人々による承認だけが、「納得している」状態を「広範な社会」の意見や行動がもたらす影響から守ることができる。こうした第三の反応を示す人々は、当然のことながら、以上の基準に合致する集団（彼らを承認し、彼らが主張する更新された地位を集団として守ることを進んで保証しようとする）を熱烈に求める。一方のテロリスト向けの学校や訓練キャンプに勧誘する人々は、小躍りしながら、彼らを迎え入れようとする。

　私が思うに、「移民問題」や、難民や避難民の受け入れか拒絶かという問題を「安全保障化」しようとする（有害であると同時に非常に深刻な）現在の傾向がもたらす広範な成り行きそのものが、現状を読み解く適切な文脈を提供してくれている。そして、世論形成に関わるメディアが促す一方で、移民を悲劇的な運命に導くグローバルな原因ではなく、その犠牲者にもっぱら焦点を合わせて、一般受けする「セキュリティ・パニック」を正式に支持している各国政府も後押しする、「彼らは犯罪に関わる前から有罪」的なスタンス（たとえば、ジェイ・ジョンソン米国国土安全保障長官の「定住希望者が国の安全保障上のリスクかどうか立証する責任はアメリカ政府ではなく本人にある。国連が定住候補者の身元を明らかにした後でも、各人はその資格の有無を証明しなければならない」[9]という声明に示されている）についても同じことが言える。イギリスの前外相で現在は国際救援委員会の会長であるデイヴィッド・ミリバンドが最近発言し、「ガーディアン」紙が報告した警告は、そうした文脈の中で理解し熟考してみる必要がある。

ヨーロッパの二つの国においてシリア難民をめぐる論調が厳しくなり始めていることが、グローバル・ガバナンスにとって大きな脅威となっている。ミリバンドはアメリカに対して、難民の定住をめぐって世界のリーダーとしての役割を果たすよう要請する一方、イギリス政府がこの危機に「最低限の貢献しか」行っていないことを非難した。アメリカがとりわけイスラム教徒にその扉を閉ざせば、イスラム世界やヨーロッパに大きなメッセージを送ることになる。その影響は波のように広がっていき、西欧

がその扉を閉ざすことになれば、非常に深刻な意味を持つことになる。(10)

ボーサンは次のように警告している。「われわれのリーダーが行わなければならないのは」、「すべての移民をテロリスト扱いする極右組織のような反動的で誤報を伝えるポピュリストのレトリックに屈することなく」……イスラモフォビア〔イスラム恐怖症〕の高まりや『われわれ対彼ら』的な立場を拒絶することである。そういう立場をとれば、イスラム国の勧誘活動に利用されてしまうだけだからだ」。「社会的排除こそEU内のイスラム教徒の若者を過激化させる主要な原動力である」ことを私たちに想い起こさせ、「難民たちが逃れようとしているのは、そうした攻撃を組織し、それに参加している人間たちからであって、その逆ではない」というジャン＝クロード・ユンカー〔欧州委員会委員長〕の言葉を繰り返してきたボーサンは、次のように締めくくっている。

もちろん、イスラム教徒のコミュニティも過激化の根絶に一定の役割を果たさなければならない。しかし、この共通の脅威に立ち向かうことができるのはこの社会全体である……西欧がテロリズムに対して用いる最大の武器は、われわれの国土に対する社会投資であり、社会的包摂であり、統合であって、シリアやイラクにおけるイスラム国との戦争ではない(11)。

迅速かつ断固たる行動を取ることに加えて、常に関心を持ち続けることが肝要であることを訴えて、本章の締めくくりとしたい。

第3章　強い男（女）が指し示す道について

一匹の妖怪がデモクラシーの地を徘徊している。強い男（あるいは強い女）という妖怪が。ロバート・ライシュ（米国の経済学者、一九四六―）が「ドナルド・トランプと不安な階級の反乱」[1]で指摘しているように、（たまたまドナルド・トランプという服を着ているが、多種多様な民族衣装をまとうとされる）この妖怪は、「貧困に陥る」確率が「非常に高いこと」に戸惑っている「偉大なアメリカのミドルクラス」の不安から（エーゲ海の波の泡から生まれたヴィーナスのように）生まれたものだ。

アメリカ人の三分の二が余裕のない暮らしに追われ、ほとんどの人がいつ職を失うか分からない状態にある。多くの人々が「需要に左右される」仕事、つまりは必要とされるときだけ雇われて、給料をもらう仕事についている。しかし、賃貸料や住宅ローンや公共料金を払えなくなったり、日用品を購入できなくなったりすると、生活基盤を失ってしまう。

この「アメリカ人の三分の二」は、マタイ福音書に描かれているガリラヤ湖のような荒れ狂う横なぐりの風に煽られ揺さぶられながら、水の上を歩かざるを得ない。同福音書によると水の上を歩くことは信仰を貫く上で重要だが、ライシュの言う「不安な階級」はいったい誰に信頼を託せばいいのだろうか。「セーフティネットは穴だらけである。仕事を失ったほとんどの人は失業保険を受け取る資格すらない。政府は、仕事がアジアに移ったり、不法移民に奪われたりするのを止めようともしない」。ライシュが引用しているように、マーティン・ギレンズとベンジャミン・ページが議会の一七九九件の決議を精査した結果、「平均的なアメリカ人の希望は公共政策にほとんど反映されておらず、ごくわずかかゼロに近いようである」。かつては「偉大」であったが今では「不安」なアメリカのミドルクラスの多くが「政府は有力者や金持ちのためのものであり、無能で当てにならない」と思い始めているのも無理はない。「こうした人々が、自分たちをあらゆる混乱から守ってくれると約束する強い男、つまりは雇用を守り、ウォール街に一発くらわせ、中国をこらしめ、不法移民を厄介払いし、テロリストの入国を阻んでくれる強い男を支持するのも当然である。この強い男とは、アメリカをふたたび偉大な国にしてくれる人間、つまりは普通のアメリカ人をふたたび安全にしてくれる人間という意味である」。

ライシュが指摘するように、強い男の持つ無限の力に期待しようとするのは「夢想」であり、トランプは「手品師のトリック」を使ってそうした信頼を勝ち得ている。ライシュがこうした手法を非難しているのはもちろん正しい。同じように、手品を使って夢想に陥らせる手品師の周りに「不安な階級」が引き寄せられるのは、自然なことでもなければ、避けられないことでもない。最近、この問題についてテンプル大学政治学教授のジョセフ・M・シュワルツ[2]は次のように指摘している。「転落の道をたどっている白人ミドルクラスの労働者階級は今後、トランプやティーパーティ（ゲームは貧しい有色人種に有利なようにしくまれているという神話を支持する人々）の排外主義やレイシズムの政治に引き寄せられるのだろうか。それとも、労働者階級コミュニティの崩壊を引き起こした大企業エリートの責任を問う方向に向かうだろうか」と。シュワルツが指摘するように、「〔上院議員のバーニー・〕サンダースが二〇一五年一一月一九日にジョージタウン大学で民主社会主義に関する演説を行う直前[3]」に「ニューヨークタイムズ」と「CBSニュース」が合同調査を行ったところ、民主党予備選挙の投票者のうち社会主義に否定的なイメージを持っている人が二九％だったのに対し、肯定的なイメージを持っている人は五六％に上り、「投票した人のほとんどが……資本主義を不平等や大学生が抱える多額の負債、労働市場の沈滞と結びつけ、社会主義をより平等で公正な社会だと考えている」ことが分かった。「不安な階級」（あるいはガイ・スタンディングの言葉を借りれば、大西洋の両岸で急増している「プレカリアート」）の現在の苦境から、二つの選択肢が生じている。一方は強い男に託そうとするもの、他方は強い人々に託そうとするものである。

しかし、もっか両者の掛け率は五分五分とはほど遠いようであり、それには多くの理由がある。

偉大なロシア人哲学者ミハイル・バフチン〔一八九五―一九七五〕の言葉を借りれば、あらゆる地上の力は、「宇宙的な恐怖」をもっと人間の置かれた状況に即したものに練り直す方向に向かう。宇宙的な恐怖とは次のようなものである。

それは計り知れないほど偉大で強力なものを目にしたときの恐怖心であり、星々がきらめく空や、巨大な山塊や大海原を目にしたときの畏れ、言葉やそれを束ねた思考の形で古代の神話や世界観などに登場する宇宙の大変動や大災害に対する恐怖心である……厳密に言うと、神秘的というよりも根源的なこの宇宙的な恐怖（物理的に巨大な無限の力に遭遇したときの恐怖心）は、あらゆる宗教が、人間とその意識を抑圧するために用いているものである。[4]

この宇宙的な恐怖は練り直されて、人工的な「公認の」恐怖になる。この練り直しが、権力者の既得権に役立つことは明らかである。しかし同時に、耐え難い宇宙的な恐怖を多少なりとも和らげる方向に踏み出さないと彼らの役には立たない。それは「無限で永遠の要素を切り詰めて」人間の限りある認知能力や実践的な能力に合わせることで可能となる。著書『政治の発見』の中で私は、バフチンの見解に次のようにコメントした。宇宙的な恐怖は「一般的な地上の力の原型であるが、そうした太古のモデルが練り直されて公認の恐怖となった。つまり、人間の恐怖心ではあっても完全に人間のものではなく、人間が作ったものではあっても人間の抵抗力を凌駕している恐怖心」に練り直されたのだ、と。

公認の恐怖は、原初的な宇宙的恐怖とは違って、作り出さなければならなかった。つまり「設計され、綿密に練られたものだった」……モーセがイスラエルの民にもたらした律法の中では、シナイ山の山頂で雷鳴のこだまが轟いていた。しかし、その律法は、光を識別し、雷光がぼんやりと「そしておぼろげに、恐ろしげに、それとなく」ほのめかしていたものを明確にした。律法は、異議を唱えられないようにするために、回答を提示したのだ。[5]

遠くて測り知れないがゆえに想像もできない脅威の中から、実行可能で簡単そうで判読できそうな律法が呼び出された。いったん、律法が地上にもたらされると、権力者は原初の恐怖を、律法を逸脱することに対する恐怖心に変えた。つまり、人智を超えた宇宙の悲劇を世俗的で人間的なあまりにも人間的な作業や義務にアレンジしたのだ。そして、神の意志の底知れない謎から生じる恐れと戦きは、神の全権大使（神が任命した地上の代理人）によって比較対照され、成文化され、分かりやすくて明確に判読できる規定や命令に変更された。

「公認の恐怖」の地上の管理人と、その管理下にある人々との複雑な関係について考察したロベルト・カラッソ〔イタリアの作家、一九四一―〕は、フランツ・カフカの小説『審判』と『城』を拠り所にしながら、問題は実際以上に複雑であり、「公認の恐怖」を実際に機能させるのはそれほど簡単な作業ではないとしている。(6)「村人たちが、神々や神について長々と議論している『城』の役人たちの姿を目にし、彼らがどのように自分たちの生活に干渉しているか気づいたら、腹を立てて行動を起こすだろう」とカロッソは指摘している。村人たちは、城の役人たちと、宗教的な教えによって自分たちが知っている神やその他の神々を同列視しようとするあらゆる試みに嫌悪感を覚えるだろう。神の場合と同じくらい簡単に城の役人たちと「交渉できればどんなに楽だろう」、「ほんの少し神学を学んで、心からの信仰に頼ればそれで十分なのだから、と彼らは考える。だが、城の役人たちはもっと複雑である。どのような科学や学問も彼らとの交渉には役立たない」。

実のところ、バフチンによると、「宇宙的な」恐怖を「公認の」恐怖に練り直す〔あるいは「公認の恐怖」を「宇宙的な」恐怖のパターンにならって組み立てながら、原初的なモデルが作った基礎を利用する〕最初の試みである宗教制度は、神の恩寵や恩恵を仕立て上げるためや、たとえ難しすぎて実行できない戒律に従えなくても神の怒りを招かないようにする簡単な方法を約束することで〔そして、たとえ質量ともに約束したものに満たなくても〕、人々を屈服させ服従させようとした。物言わぬ宇宙的な恐怖の源泉とは違って、神には語りかけることができる。つまり、人々は、罪を許し徳に報いてもらおうと、言葉や行動を媒介にして祈ったり、嘆願したり、懇願したりする。そうすれば、目が見えず耳の聞こえない自然とは異なる神は、後悔や懺悔の言葉に耳を傾け、恩恵を施してくれるかもしれなかった。神の地上における全権大使を自称する教会は、（祝福する力と同時に呪う力も持っている）神に対して、行ってほしい行動規範をつまびらかにした。運命の厳しい一撃を受けた神の怒りの犠牲者は、贖いを得るためには何をしなければならないかを自覚した。そして、なかなか贖いが実現しない場合は、自らの行いが不十分であるためだと信じた。ようするに、過失は自分の側にあるのだと。

しかし、世俗的な政治権力が徴用し配置し直した公認の恐怖の近代版は、自らの教義に対するリップサービスこそ怠っていないものの、前記のような事柄を実施するのを拒んでいる。その結果、盲目的な運命のゲーム（すなわち、行為者とそれを取り巻く人々を混乱させ苛立たせるような、人間の行動とその結果の結びつきの断絶）を一掃して、代わりに、人間の苦境とその行動選択の間の厳密な相関関係を保ちながら、公正や責任などの道徳原則に基づく、一貫性があって明確な物事の秩序を据えるという、近代の目標や約束は露骨に破られるようになった。そうした中で、人々は今日、確実性や保証がないリスクに満ちた社会のただなかに身を置かざるをえなくなっている。そして、次の二つの新たな環境が私たちにバフチン・モデルの再考（改訂ではないにせよ、少なくとも補足）を促している。

一つめは広範囲に及ぶ「個人化」である。個人化とは、「社会」の想像された全体性を象徴するとする権力者の主張のコードネームであり、存在の不確実性によって生じる諸問題に対処する作業を、個人自らが調達する非常に不十分な資源に「肩代わりさせること」（より簡単な言葉では積み荷を降ろす、あるいは投棄すること）につながるものである。ウルリッヒ・ベック〔一九四四―二〇一五、ドイツの社会学者〕が晩年に述べていたように、今や個人は、社会的に生み出された問題への解決策を個人で見つけるという、実現することが不可能な作業を課せられている。

まるで身体全体を循環している毛細血管のような、生活全体と生活目標に浸透し、拡大し、拡散している恐怖心に飲み尽くされた人間は、自分自身の資源――生存を維持する負担の大きさに比べると心細くて、みじめなほど少ない資産――に頼らざるを得ない。ビュン＝チュル・ハン〔韓国系ドイツ人哲学者〕が指摘するように、[7] カフカ自らが、プロメテウス神話〔人間に火を与えたことでゼウスの怒りをかったプロメテウスは、生きながら永遠にハゲワシに肝臓をついばまれる」の「神々も疲れ、ハゲワシも疲れ、肝臓も疲れてその傷口はふさがってしまった」に関する新解釈[8]を含む簡潔なアフォリズムの中で、自らのヒーローたちの置かれた状況を解く手がかりを与えている。それに加えて、今日、肝臓の痛みという記号は倦怠や消耗や活力の枯渇など、ようするに疲労を示すものである。さらに今や古い「規律社会」の代わりを務めながら、フロイトの標語である義務 devoir を能力 pouvoir に入れ替えているのは、現在の「業績主義社会（performance society）」の住民であり、命令による行為者である私たちであり、その私たちは、そうした疲労をもたらすハゲワシの役割も果たさざるを得なくなっているという。ビュン＝チュル・ハンの指摘を念頭に置いて、私たちのスローガンがもはや服従でも法律でも果たすべき義務でもなく、自由であり、欲望であり、満足感を得ようとすることだとすれば、私たちの苦境はプロメテウスの逸話のＤＩＹ（何でも自分でやろう）版であると結論づける必要がある。私たちは引き裂かれた肝臓であると同時に、それを引き裂くハゲワシでもあるのだ。ビュン＝チュル・ハンは、アラン・エーレンベルグ〔フランスの社会学者、一九五〇―〕の『自分であることの疲労 *La Fatigue d'être soi*』[9]を手本にして、業績主義社会の主要な病気であるうつ病は、過剰な責任や義務によって生じるのではなく、「ポストモダン労働の社会の新しいルールである業績達成の責務[10]」によって生じると指摘している。

どうして、こうしたことが起きるのか。これは、フランツ・カフカやミシェル・フーコーによって不朽のものとなった規律社会（私の言葉では「ソリッド・モダン」社会）――カフカの『審判』に登場するジョセフ・Kや、フーコーの博士論文『狂気の歴史』における精神異常者のような犯罪者を堆積させ消し去っていた社会――から想起されるものとはまったく異なるあり方によって生じる。ビュン＝チュル・ハンが指摘しているように、私たちの「業績主義社会」は、他の社会とは違って、「うつ病患者と不適任者」の製造と追放を専門にしている。仮に以上の二つの病気の患者が、「業績主義社会」の住民が生き延びるためには（身体的な場合が多いが、ほとんどの場合は社会的に）達成するよう期待され、達成しなければならない業績の基準を満たせなかったりすると、両者はともに自己搾取と自己苦悩と自己疲労の犠牲者となる。彼らは自らの失敗と、その原因であり、それによって引き起こされたうつ病の犠牲者であると同時に、その加害者でもあるのだ。彼らが自らの不運と屈辱の原因と考えるものは、自らの自尊心のかけらさえ奪った、自分自身の恥ずべき欠陥である。

「業績主義社会」は何よりも個人の業績（performance）の社会であり、「冒険的な個人主義文化」の社会である。そこでは、「日常生活が不安定なものになり、個人は「常にスタンバイ（待機中）の状態」に追い込まれている。そして「予測可能な収入、貯蓄、安定した『職業』は、すべて過去の時代の世界に属するものとなっている」[11]、つまりそれは、少なくともトマス・ホッブズ以降もはや不可能とみなされていた「統治形態」（保護と安全を約束するだけでは正当化されない政府）の下でのものだった[12]。権力者が暮らしやすい生活を実現する義務を免れ、人間が抱える存在の不確実性の処理が個人に託されるなか、そうした問題に取り組む責任は完全にまた直接、か弱い個人が背負うことになり、その一方で、存在に関わる苦痛と苦難に対処することは、それを被る者が自力で行うＤＩＹの作業とされている。社会が個人生活における偶発的な事態を集団的に保障するという約束を取り下げてしまったために、社会が生み出した諸問題に対策を講じ解決策を求めるのは今や個人の仕事になっている。そうした状況に置かれた個人は、非常に不十分な自らの資源に頼らざるを得ないか、そうなる危険に直面している。国家の退場によって見捨てられた個人にとって「個人化」とは、火にかけられているフライパンを飛び越えるような、生存条件の新たな不安定化の兆しに他ならない。「政府の弱体化は……雇用の不安定化につながる上に、生活運営の不安定化にもつながる[13]」。規律社会の中で公式に広められ育まれた不適合の烙印を押されることへの恐怖心は、業績主義社会にあっては不適格の烙印を押されることへの恐怖心に席を譲っている。全体として、公式に「解放された」個人は、完全に個人化された生活の試練に耐えられないと感じている。

法令によって業績追求者（performer）となる人々で構成される社会を徘徊している妖怪は、自らが無能で無力で欠陥があると認めることへの恐怖心であり、それに加えて、その直接的な効果である自尊心の喪失と、その帰結である追放や仲間はずれや排除されることへの恐怖心でもある。公認の恐怖を生み出す権力者は、そこから妖怪が登場し、永遠に生まれ続ける、存在の不確実性を懸命に強化しようとし、あらゆる手立てを尽くして、その妖怪を触れることができて信じられるものにしようとする。つまりは、できるだけそれを「現実的な」ものにしようとする。結局のところ、権力者を権力の座にとどめるものは、その臣下が抱く公認の恐怖なのである。しかし、個人の業績追求者（独立独歩であるふりをせざるをえない）の集合体へと解体された社会における権力者はしだいに、賃金が未払いで、身分が不安定で心もとなく、保護されていない見習いである私たち、ようするに、自らが支え日々再生産している断片化された社会の中で断片化された生活を営んでいる私たちに依存するようになっている。

人間の苦おしいほどの有限性や、認知能力や実践的な能力の乏しさから生じた宇宙的な恐怖は、「規律社会」で宗教的・政治的な「公認の恐怖」になるという経験を経た後、「業績追求者の社会」においては「生活政治」（アンソニー・ギデンズの言葉）の領域に下り、個人の力で生活を営む人々の肩に降りかかっている。その社会の中で、法令によって業績追求者となり、自らの不十分さに苛まれている人々は、アクセス可能とされる無限の選択肢や誘惑と、個人に向けられた無限の需要の間で板挟みの状態になりながら、一方では「自律的で強力で強い意志を持って」「絶えず自己改良に努める」[14]ものと期待され、他方では、そうした課題の大きさに見合うだけの資源がないという事態に直面しており、「自分自身の神々」――ウルリッヒ・ベックによる印象的な言葉「自分自身の選択による神々」[15]――に向かって今にも発症しそうなうつ病からの救済を訴える以外、ほとんど選択肢がない。しかし、このように忠誠の対象を変えたからといって、その地位の著しい不安定さから生じる不安や、そのさらなる悪化を食い止められないがゆえの自己検閲や自己非難の苦痛を和らげることはできない。

二つめの新たな環境は、既成の政治的単位が持つ領土主権の浸食である。これは権力（物事を動かす力）のグローバル化の進展に伴うものであって、政治（何をすべきか決定する力）

のグローバル化によるものではない。その結果、目的と効果的な行動の間にずれが生じている。それに伴って、「公認の恐怖」の源泉はバフチンの描いたモデルから逸脱することになった。つまり、それは今や、「宇宙的な恐怖」とまったく同じように、目に見えず、ほとんどの目的を実現することができず、ほとんど物言わない状態にある。それは、嘆願者から遠く離れていて、彼らの要求はもちろんのこと、嘆願も受けつけることはない。彼らの臣下のほとんどがコミュニケーションを絶たれた状態にあり、権力者との会話の望みを失うか、急速に失いつつある。

今日のもっとも洞察力のある歴史家の一人エリック・ホブズボーム〔一九一七—二〇一二〕は、四半世紀前〔現在のような「移民危機」が発生して、人間を取り巻く新たな「グローバル性」が認識されるようになるかなり前〕に、次のように指摘していた。

大規模かつ多種多様な移動に伴う都市化と工業化、人々の移民と移動が、ネーション〔国家〕は民族・文化・言語の面で同質な人々が住む領土であるというナショナリズムの基本的前提を脅かしている。不幸なことに、一八九〇年代以降のアメリカや一九六〇年代以降の西欧において、大量の「見知らぬ人々」の流入を受け入れる国や地域の人々の間に、強力な外国人恐怖症やレイシズムが見られるようになっている。しかし、外国人恐怖症やレイシズムは症状であって治療法ではない。混じりけのない国への回帰を夢見るレトリックがどのようなものであろうと、近代社会のエスニック・コミュニティや集団は共存せざるを得ない運命にある。

ホブズボームはさらにつけ加えている。今日、「ほとんどの国が移民を受け入れている中で、［受け入れに消極的な］『少数派の国』のほとんどは、大陸に位置する国ではなく、小さな島々から成る列島の国々である」。「何度もエスニック・アイデンティティを移動させることは弱さや恐怖心の表れであり、近代世界の各種の力を阻むためのバリケードを建設する試みである……そうした防御的な反応に駆り立てるものは、現実的な脅威に対するもの、想像上の脅威に対するものを問わず」、今なお私たちの時代の特徴である「国際的な人口移動と、根本的で例を見ない急速な社会・経済的変容が合体したものである」。「私たちは都市化した社会のどこに住んでいようと見知らぬ人々、つまりは、私たちに家族の絆のもろさやそのルーツが絶たれることを想い起こさせる男女と遭遇する」。ホブズボームは、チェコの歴史学者ミロスラフ・フロフ〔一九三二―〕が発した、ナショナリズムとエスニシティは「崩壊した社会を統合させるための代替物である。社会が崩壊すると、国家は究極の保証人のように見える」という言葉を引用している。ホブズボームがその死後もなお私たちに想い起こさせているように、「彼ら（見知らぬ人々）」は「歴史上もっとも急速で根本的な人間生活の大変動が起こった四〇年間の後に、私たちの多くが感じている不満や不確実性や方向感覚の喪失に対する非難の受け皿になりうるし、なるに違いない」。私たちが向こう見ずにも、古代の人々が主張していた「歴史は人生の教師である」という教訓を忘れてしまっているのは、私たち自身にとって損失である。私たちが生き延びるためにも、歴史という教師の言葉に耳を傾け、エリック・ホブズボームの先駆的な書『ナショナリズムの歴史と現在』を読み直してみよう。この偉大な書から引き出すことのできる教訓は、自らの望みを救済者（神意の男（あるいは女性））に託そうとする破綻した社会は、強面《こわもて》で、好戦的で喧嘩早いナショナリスト、つまりはグローバル化した地球を締め出して、はるか昔にカギをなくして（あるいは壊されて）使えなくなったドアを閉めることを約束する人間を求めているということである。

しかし、ベンジャミン・バーバー〔アメリカの政治学者、一九三九―〕が『市長たちが世界を統治すれば――機能不全の国家、興隆する都市 *If Mayors Ruled the World : Dysfunctional*

Nations, Rising Cities』（Yale University Press, 2014）という挑発的かつ説得力のある著書の中で簡潔にまとめているように、「今日の国民国家は、長らく成功を収めた後、世界中でわれわれを失望させている。それはかつて自立した人々と諸民族の自由と独立のための完璧な政治的処方箋であったが、相互依存の時代にはまったく不向きである」。それは「その性格からして競争や相互排除に傾きすぎていて」「もともと協力に消極的であり、グローバルな共通善を確立する能力も持ち合わせていない」。さらに、ウルリッヒ・ベックが『コスモポリタンな視点 *Cosmopolitan Vision*』[16]の中で述べているように、たとえ、今日まで「コスモポリタンな人々」が多くの国において放浪者や敵や虫けらのようにみなされ、追放し死滅させ壊滅させねばならない人々だとされていても、私たちはみな、好むと好まざるとにかかわらず、穴だらけで浸透性の高い国境線と相互依存の「コスモポリタン化された」惑星に暮らしている。私たちに欠けているものは、このコスモポリタンな状況に即した「コスモポリタンな認識」である。私たちは言葉を肉に変える政治制度も持ち合わせていない。ウィリアム・F・オグバーン〔アメリカの社会学者、一八八六―一九五九〕がまだ生きていれば、現在の私たちを取り巻く状況を、『社会変動論 *Social Change*』（一九二二年刊）という野心的な著作で明らかにした「文化遅滞」論の重要な例に挙げたことだろう。

私が本章の冒頭で、ロバート・ライシュがドナルド・トランプ（とその同類）による外国人の流入を阻み退出を促そうとする誓いを「夢想」と一蹴し、彼らの選挙における成功を「手品師のトリック」と形容しているのは正しいと述べたのは、以上のような理由からである。しかし、ポイントは、不満を募らせた有権者がそうした約束や成果に失望を表明する前に、すでにグローバル化している権力に追いつけずにローカルな状態のままの政治という、いわば老朽化した橋の下を、大量の水が流れそうだということである。野心に満ちた強い男女の指し示す近道が、たとえ人を惑わせるものではあっても、魅力的であるのは確かである。その約束は欺瞞に満ちているかもしれないが、覚えやすくて魅力的である。彼らは、多くの人々が現在の政治では失われてしまったと思っているものをすべて回復し、取り戻すと約束している。その現在の政治はといえば、権力の不足に悩まされており、その管理を逃れたり無視したりする力がもたらすダメージを防ぐ力がないのに加えて、自らの縮小した権限を回復しようとするリベラル・デモクラシーの政治家たちのあらゆる試み（それがごく稀なものであるのも確かだが）をつぼみのうちに摘んでしまっている。数多くのデモクラシーの受益者にとって、現在の政治の許しがたい罪は、ＴＩＮＡ（「ほかに選択肢はない」）政策が失敗に終ったにもかかわらず、その理由を示すことができず、探せずにいることである。「議会（parliament）」という言葉はようするに、parler（「話す」「語る」）の派生語であって、「物事を実行に移す」ことではない。強い男や強い女を自称する人間の持つ魅力は、たとえ彼らの当面の唯一の行動が話したり語ったりすることであっても、行動すると誓っていることにある。さらにその魅力は、彼らがよく話したり語ったりしていることこそ、彼らが他のやり方でできることであり、他のやり方が存在するという事実にある。ようするに、彼らこそその他のやり方であり、結局のところ、そうした強い男や女の持つ人を魅了する力はすべて、その誓いや主張がまだ実行に移されていない点にある。

第４章　過密状態をともに生きるための方策

最初の人類は、そこから枝分かれしたヒト科と同様、狩人であり、採集者であり、そうした理由から放浪の民であったに違いない。その子孫であるホモ・サピエンスも、その後のほとんどの時代を放浪の民としてすごした。歴史家のウィリアム・H・マクニール〔一九一七―〕は、「われわれの祖先が初めて完全な人間になったとき、すでに移住者であり、大きな獲物を求めて移動していた、と考えるのが自然である」と断言している。(1)二〇〇万年前から一五〇〇万年前の間に、二〇〇万年以上も前に二足歩行していたアウストラロピテクスから、ホモ属が枝分かれした。両者にはもともと移住性があった。

当初、私たちの祖先の移住先はアフリカ大陸に限定されていたようだが、その子孫の一部(古生物学者によって一〇万年前にすでにホモ・サピエンス種に属していたと考えられている)が、アフリカから近東へと移動し、そこからすべての大陸に拡散したとされる。彼らには一貫して移住性があり、ケヴィン・ケニー〔ボストン大学歴史学教授〕によれば、移住は「彼らの生活様式に組み込まれていた」。人類の歴史全体を通して、社会全体やその一部による大規模な移動や転地が繰り返されてきた。また、ケヴィン・ケニーが最新の知見を照合した結果、「すべての現生人類が」東アフリカを起源とする「解剖学的に新しい少数の集団に由来し」、「最新の遺伝研究によると、ヒトの細胞中のミトコンドリアは」、二〇万年前から一五万年前にアフリカに居住していた一人の女性「アフリカのイヴ」に由来することが分かった。[2]「移民危機」（不吉で意識的に警鐘を鳴らしているような曖昧なコードネーム）とされる現在の最前線からの報告が示すように、今日の大規模な移住にはまったく新しい原因があるのかもしれないが、私がこれから示すように、それに対する社会的・政治的パターンには新しいものはほとんどみられない。

しかし、人類の共生のあり方には重大な変化が起こっている。なかでも重要なものが、この地球上における人類の居住密度が（飛躍はあったものの）着実に増大していることである。つまり、精神的な密度に加えて身体的な密度も増大しているのだ。

クウェイム・アンソニー・アッピア〔イギリス生まれのガーナ系アメリカ人哲学者・作家、一九五四―〕が指摘するように、私たちの祖先は「歴史上のほとんどの期間、顔なじみの人たちとしか出会わなかった」[3]。すべての衣類や道具（彼らが日頃目にし、使用していたあらゆる人工物）は手作りであり、「それがわれわれをはぐくみ、われわれの本性を形作った」。私たちがどういうわけか、「共通の言葉を話し、共通の法律を持ち、食物を栽培する人のほとんどが見知らぬ人間から成る社会の中で親密に暮らす」ようになったのはそれほど昔のことではなく、実際には、人類の歴史のほんの一部にすぎない。地球上の他の地域の人々のことを「実際に想像し、接触するようになったのは過去二世紀の出来事である」。私たちは、自分たちが作って大切にしていて他の人々が欲しがっているものを分かち合うことができるし、自分たちが作り出したもので他の人々が忌み嫌っているものを彼らに押しつけることもできる。そして、私たちに当てはまることは彼らにも当てはまる。アッピアは次のように結論づけている。「数千年間ローカルな種族として暮らす中で形作られた考え方や態度を捨てて、今日のようなグローバルな種族として生きるための考え方をどのように身につけ、そのための制度を築き上げるかが課題である」と。こうした大きな課題はまさしく生き死に（ともに生き、ともに死ぬこと）に関わるものである。互いの幸福か消滅かを決める未来への分岐点にさしかかっているにもかかわらず（あるいはすでに到達しているかもしれないのに）、私たちはまだ、すでに存在していて後戻りできない相互依存が地球規模であるという認識を基にして、意識的な行動を起こすことができないでいる。言い換えると、私たちと同じような意見や嗜好を持っている見知らぬ人々と「親密に」、平和的に、団結して、協力しながら暮らす能力を基にして、生き残るか消滅するかを選ぶ条件を認識できずにいる。

地球上にはもはや入植地が存在しない上に、野心的な入植者が先住民を根絶やしにして新たな人々を呼び込むような土地も残っていない。カントはかなり前からそうした事態の到来を予想しており、そうした事態が起こった際に守るべき「命法〔命令〕」に思いをめぐらせていた。そうした事態は必ず起こるはずであった。収容能力の限界に近づいた満杯の地球の上で、どう平和的に共生したらいいのか。

『永遠平和のために』の第二章三項（「世界市民法は普遍的な歓待の条件に限定すべし」と題されている）の中でカントは、次のように述べている。

「私が論じているのは」人間愛の問題ではなく、権利の問題である。歓待とは、外国人が他の国を訪れても、敵意をもって処遇されずにすむ権利のことである。外国人の受け入れを拒んでもその人物の破滅につながらない場合には、その受け入れを拒んでもよいが、外国人がその場所で平和的に暮らしている限り、敵意を持って扱ってはならない。外国人が要求できるのは恒久的な居住権ではない。外国人に一定の期間居住する権利を与えようとなった場合、特別な友好的取り決めが必要となる。すべての人間が持っているのは一時的に滞在し、交際する権利にすぎない。彼らもまた地球の表面を共有しているがゆえにそうした権利にあずかれるのであり、地球が球体であるがゆえに人々は際限もなく散らばることはできず、それゆえ、互いの存在を許容しなければならない。そもそも、地球上の特定の場所について他の人に勝る権利を持っている人間など存在しない。(4)

カントの警告に注目し、彼が慎重な態度で地球上に世界規模の「永遠平和」を築く条件を明らかにしている点に着目してみよう。言い換えれば、私たち人間は地球上に「際限もなく散らばることはできず、それゆえ、互いの存在を許容しなければならない」と述べている点に。カントが求めているのは、国（それぞれの国民から合法的な母国とみなされ処理されている領土主権と自己統治国家）の違いをなくすことではなく、「交際する権利」（意思疎通を図りながら親密な交際を行い、精神的に高めあうことで、有益な友人関係を構築すること）である。言い換えれば、敵意（hostility）の代わりに歓待（hospitality）を据えることである。カントは相互歓待の原則に基づいて、長らくヨーロッパ大陸を引き裂いてきた共倒れの戦争の歴史に終止符を打つ、世界平和の可能性と見通しを切り開こうとしたのだ。

二〇〇年以上にわたって血なまぐさい戦争が続いた後もなお、私たちはカントの歓待の呼びかけに応じられずにいる。デイヴィッド・ミリバンド〔イギリス労働党の議員、二〇〇七年に若くして外務大臣に就任、一九六五―〕がかつてコメントしたように、

> アメリカとイギリスからの支援の申し出は不十分である……イギリス政府は年に四〇〇〇人のシリア難民を受け入れると述べている――この数はギリシャのレスボス島に到達する難民一日分に相当する……これを年間二五〇〇〇人に引き上げても、イギリス議会のたとえばサウスシールズ選挙区〔ミリバンドのかつての選挙区〕の選挙区当たり四〇人にすぎない。サウスシールズは四〇名のシリア人にしか対処できないというのだろうか。これでは問題の解決につながらない……イギリスは長年、人々に避難所を提供し、難民が国民生活のあらゆる分野で役目を果たす恩恵を享受してきた国である。イギリスがドアを半開きにしかしないのなら、それはさらなる処遇を求め

る人々を完全に締め出してもいいというメッセージを送るのに等しい。

ここから私たちは、政治が統治し支配しようとする「生活の事実」の領域ではなく、権利と義務の領域（道徳性が関わり、道徳性そのものに関連し、成文化を望むもの）に踏み込むことになる。『永遠平和のために』の付録二の「『永遠平和』の観点から見ると、道徳と政治が一致しないことについて」の中で、カントは以上の二つの領域の違いを次のように語っている。

「蛇のようにずる賢くあれ」と政治は言う。道徳は条件を限って「鳩のように正直であれ」と説く。これらの二つの命令が両立しがたければ、政治と道徳は本当に対立していることになる。しかし、両者は常に一致すべきだとすれば、両立しがたいという考えは馬鹿げており、道徳と政治の対立をどう解消するかという問題そのものが成り立たなくなる。

二世紀後、エマニュエル・レヴィナス〔フランスのユダヤ人哲学者、一九〇六―九五〕はさらに踏み込んだ（そして急進的な）立場を取り、道徳性と存在論（つまり、政治的関心事や行政の分野とみなされる領域）をめぐる論争の中で明確にまた無条件に倫理を優先すべきであるとした。倫理的な評価と判断に従う必要がある（従うべきである）のは（政治による管理の対象である社会を含む）存在論であって、その逆ではないと。

その語源がモーレース（習得された慣習、慣例、マナー、現在受け入れられているが、無視できる行動パターン、一般に保持されている意見で、ハンナ・アーレントが亡くなる前に繰り返しほのめかしていた「個人や集団の食卓のマナーと同じくらい簡単に別のものと交換できるもの」）にある道徳性《モラリティ》に反して、（エートスに由来する）倫理《エシックス》はモーレースの集まりではない——モーレースはある時代の「社会の意志」を反映しているが、それも別の時代には変わる可能性がある。それは、「あらゆる既成の価値を放棄する」よう呼びかけて、それに代わる新しい価値を探すよう私たちに促した際に、生命を最高善と認めるよう求めた一方で、「キリスト教やそれ以外の宗教も含めた、あらゆる倫理が、生命は決して死すべき人間にとっての最高善などではなく、個々の生きた生命体の存続と繁殖より重要なものが存在することを前提としている」としたフリードリッヒ・ニーチェの想定にも反している——アーレントがその死後に編集され刊行された『責任と判断』の中の「道徳哲学のいくつかの問題」[5]（カントが自らの根本的な疑問を投げかけた二〇〇年以上後に、彼女がカントと交わした長くて思慮深い会話）で断言しているように、彼女は、カントだけが推測できたその内容に歴史的な証拠の助けを借りて新たな回答を与えようとした。彼女が辛辣に指摘しているように、近代において表明された「唯一の新たな原則は、『新しい価値』を主張するものではなく、道徳性そのものを否定するものとなった」〔中山元訳を一部改変〕。

しかし、グローバル化する地球上に住む私たちの基盤となる（あるいはより正確に言えば、基盤となるよう取り組むべき）倫理的な基準を脅かしているもっとも恐ろしい脅威は、「道徳性そのものの否定」ではなさそうである。今日、道徳的な信念など無意味であり、それに従うことは無益である、と唱える識者はたとえいたとしても非常に少数であり、そう宣伝している人はもっと少ない。今日もなお、それが神に由来するものか、それとも理性に支援され駆り立てられ理論武装している人類に特有のものかを問わず、きわめて神聖な倫理的原則の旗の下に戦いが繰り広げられている。道徳性に対するもっとも恐ろしい危険はどこか他のところに存在しており、密かにしかし着実に、また容赦なく「無関心化」の領土、すなわち、道徳的評価を免れる人間関係や相互作用の領土を広げている。その結果、「道徳とは関連がない」や「善悪を超越している」とされるものが増加しており、効率よく

「結果を出せる」かどうかだけで評価されている。「蛇のようにずる賢くあれ」（結果を得ることを重視する政治に従い、その要請を受けた唯一の指針）は、多くのケースでしだいに、「鳩のように正直であれ」という前提条件（道徳性が加えたいと望む追加条項）を伴わなくなっている。すでにこうしたスタンスは、かなり前から指導的立場にある人々や、訓練を重ね、身だしなみを整え、イデオロギーに感化された、道徳的に盲目な政治技術の使い手の専売特許ではなくなっており、それに加えて、全体として、職務の成功と無関係なあらゆる事柄（人間の苦悩や品位の失墜という形で支払われるコストを含めて）に左右されなくなっていることを、アーレントの次の言葉とともに銘記しておく必要がある。つまり「いかなる人も、まったく強制されないのにナチス体制に同調し、自らの社会的地位ではなく、それまで支持していた道徳的な信念を一晩のうちに葬り去ったのだ」。

現在起こっているのは、人間の相互依存の拡大とは裏腹に、道徳的義務の領域が縮小しているという事態である。つまり、ある事実を認めたり、責任を取ったり、日常的な関心や行動の対象にすることを受け入れたりする領域が縮小しているのである。こうした現象は、メディアが伝える移民の悲劇的な映像に触発された祝祭的な連帯や共感の期間が短いだけにとどまらない。このような道徳的な祝祭の期間は別にして、私たちは今後長期にわたって、後戻りできないほど深く「われわれ」と「彼ら」に分断されてしまった世界に生きることになりそうである。こうした亀裂が起きているからといって、「道徳性そのものの否定」が求められているわけではない。逆に、連日また大規模に、（決して死んではおらず、ほとんど休眠状態の）道徳的な衝動を引き出すための熱狂的な取り組みが行われ、社会的・政治的な分断や対立の醸成に一役買っている。

私たちの時代においても、「道徳性」は決して軽蔑の対象や無価値なものにはなっていない。それどころか、今なお従来通り広く求められており、人々が（是が非でも）保有し擁護したいと願う財産であり続けている――それは他でもなく、それを主張する人々に権威を授けたり、改宗希望者を募る勧誘者《リクルーター》を支援したり、「われわれ」を「彼ら」の上に据えることに役立てたり、競争相手や敵に対して私たちが道徳的な優位性を主張するに当たって支持を得るためである。これらのすべての理由によって、「道徳的」と呼ばれる権利は、反目しあう相手方から「根本的に異議を唱えられることになる」。戦闘の最前線の両サイドはともに、道徳的な無関心や道徳的な盲目性、非道徳なスタンスという疑念をすべてあるいは部分的に否定し、互いに、これらのすべての逸脱の責任を「われわれ」とは異なる「彼ら」に負わせようとする。

道徳的であることは善悪の違いが分かり、どこで両者の間に線を引くか心得ていることだけにとどまらない。それが働いているのを目にし、善悪を判断しようとする際に、その区別ができることも意味する。したがって、それは善を奨励し悪に抵抗する自らの（レヴィナスが主張するように、絶対的で無条件だという点で普遍的な）責任を自覚していることを意味する。しかし、道徳的な知識を持ち、その影響を受けた行動を行う際に、その責任に制限を設けざるをえない（それを達成可能で、全体として「現実的」な規模に切り詰める）ことも事実である。他人の幸福（そして、想定上はすべての他人）に対する絶対的で無制限で例外のない責任は、聖人のものさしに合わせて作られた戒律に他ならない。言い換えると、それは聖人だけが完全に例外なく永久に従うことができる（あるいは少なくとも従おうとする）規則である。しかし、ほとんどの人間は聖人のような資質を持ち合わせているとは言いがたいため、その絶対的な責任を普通の（「平均的な」）人間とその現実的な能力のものさしに合わせるのは避けられない作業であり、譲りがたい社会の使命である。ただし、どの程度その責任を果たすか（道徳的義務の完遂）に制限を設けながら、知らず知らずにうちにその反対のもの、つまりは道徳的に盲目な状態に陥ることは避けなければならない。それほどそれは避けがたいことであるから。しかしながら、原則として避けられること（そして、倫理的な観点から何としても避けねばならないこと）は、人間社会の一般的傾向ともいえる、道徳的な責任が適用される人間集団に制限を設けることである。言い換えれば、あるカテゴリーに属す人々を道徳的な義務の領域から除外してしまうことである。第一の制限がその絶対性ゆえに道徳的責任に特有なものだとすれば、第二の制限は、道徳的な関心や配慮とは無縁な権力によって、またさまざま理由により、「外側から」強制されるものであり、道徳的責任とは相いれないがゆえに、その侵害とみなして対処する必要がある。率直な言い方をすれば、「われわれ」と「彼ら」の間に引かれた境界線の地点で他者に対する道徳的責任を放棄してしまう傾向は、「道徳的である」という性質とは無条件に無縁なものであり、なおかつ、それに対して有害な作用を及ぼすものである。

道徳的責任の無条件的な性格と一部の人間たちや自然物についてそれを拒絶し無視するという矛盾は、「認知的不協和（cognitive dissonance）」（精神と意志が混乱した有害な状態、つまりは知覚と行動が混乱しているのに解決できないという矛盾に共通した現象）をもたらさずにはおかない。この現象に着目し、この名前を思いついたレオン・フェスティンガー〔アメリカの心理学者、一九一九—八九〕[6]は、こうした状況に置かれた人々がこの認知的な矛盾を解消し、それによる行動の混乱を抑える方法を（意識的か否かを問わず）求める戦略の一覧を作成した。もっとも共通した戦略は、互いに矛盾する知覚のうちの一方の妥当性を弱めるか、もしくは可能ならば完全に否定してしまう、あるいは、その説得力を最小にとどめるか完全になくしてしまうことである。ここで議論されているケースに当てはめると、この戦略は、私たちの（あるいは無条件の）道徳的責任の対象外となる人々に、彼らのイメージを汚すような特徴を付与し、さらにそれに加えて、そうした人々は配慮や尊重に値しないのだと表明した上で、私たちが彼らを無視したり、敬意を払わなかったり、冷淡な態度を取ったりすることを、彼らの救いがたい邪悪な意図に見合った制裁であるとして正当化するという形を取る。

以上の認知的不協和とその予想される結末という考え方は説得力があり、避難所を求める難民に対するヨーロッパの反応をめぐる難しい話を理解しやすくしてくれる。これらの難民は命にかかわるような病気を運んだり、アルカイーダや「イスラム国」に利用されたり、ヨーロッパの福祉制度の恩恵にあずかろうとしたり、ヨーロッパをイスラム教に改宗しシャリア法を課そうとしているなど、さまざまな形で非難されている。これらはほんの数例にすぎず、日々そうした非難のパターンは増加しつつある。

チェコ共和国大統領のミロシュ・ゼマンは最近、ヨーロッパに来るために子供を利用する豊かな移民を、皮肉まじりに非難している。「子供たちは、アイフォンを持った男たちのための人間の盾となっており、移民の波を正当化する役目を果たしている」と。二〇一三年以降、チェコ共和国で初めて選挙で選ばれ、大統領職を務めているゼマンは、「子供たちの背後に隠れている人々は同情に値しない」、「彼らは子供たちが溺れると知りながら、ゴムボートに乗せている」と語った。この声明は「誰も君らを招いていない」を含む、難民を標的にした激烈な発言に続くものである。ゼマンはまた、移民が「尊重しているのはシャリア（イスラム法）であって、チェコの法律ではない」と述べ、「シャリアでは」「信仰心のない女性は石を投げられ、泥棒はその手を切り落とされることになっている」[7]とも語った。

この種の責任転嫁や中傷がもたらす全体的な影響（原則として、事実によっては裏づけられない）は何よりもまず、移民の非人間化（人間性の抹殺）である（意図的もしくは無意識に、彼らにホモ・サケル（ジョルジョ・アガンベンの言葉で、世俗的・宗教的な意味や価値をはぎとられた人間のこと）の役を割り当てる）。非人間化は、彼らを合法的な人権の保持者のカテゴリーから排除する道を開いたり、移民問題を倫理の領域から、安全保障に対する脅威、犯罪予防や処罰、犯罪性、秩序の防衛、さらには、通常は軍事攻撃や戦争行為の脅威と結びつく緊急事態の領域へとシフトさせたりして、悲惨な結果をもたらすことになる[8]。

こうした傾向を裏づけるのは決して難しくない。たとえばドミニク・サンドブルックは「デイリーメール」紙の中で、（彼から見ると受け入れがたいほど寛大な）イギリス首相の立場を次のように非難している。「キャメロン氏の前任者たちは、巨大な敵であり大陸全体を手中に収めようとしたナポレオンやヒトラーを全力で排除した。それゆえ、彼でも数千人の疲れ切った移民たちに対処できるはずだ」。「デイリー・テレグラフ」紙の女性編集者エマ・バーネットの次のような説明にも、世論を形成するメディアが移民をどう表現しているかがよく表れている。

ヨーロッパでの定住を目指すそのほとんどが男性のエトルリア人や、エチオピア人、アフガン人、スーダン人を形容する言葉は非常に機械的であり、最悪の場合は非人間的である。緊急の政府会合が開かれるのは「不法移民の流れを上流でコントロールする」ためだという。どうか、これらの人々が心もあれば家族も持っていて、人権もある本当の人間であることをお忘れないように。

一方、豊かなテキサス州の農業委員シド・ミラーは、シリア難民をガラガラ蛇にたとえてフェイスブックに蛇と難民の画像を掲載し、「君たちを噛もうとするのはどちらか分かるかね」と尋ねている。ミラーの上司であるグレッグ・アボット長官も記者に、「われわれの安全を脅かす人々に給付金をあげることなどできない(9)」と語っている。そして最後に、大事なことを言い忘れたが、「ケイティ・ホプキンスが、新聞記事の中で移民を「ゴキブリ」(ルワンダの大量虐殺の際に、攻撃側も被害者をこう呼んだ)や「野蛮人」と呼んで人種的憎悪を煽ったり、『救命ボートだって。私は移民を止めるためなら小型の砲艦《ガンボート》を使うことも辞さない』と題する記事を公にしたからといって、それを理由に非難されることはないだろう」という情報が、すでに引用した「デイリーメール」紙から「警察はついに常識に攻撃を加えた(10)」という見出しの下、かけめぐっているそうである。

第5章　面倒で、イライラさせて、不必要な、入場資格を持たない人々

かつて自由主義の旗の下、ハンガリーの共産主義体制を打倒するために闘い、「ニューヨークタイムズ」からは「口やかましくて不寛容なヴィクトル・オルバン首相を毛嫌いする反独裁の闘士」[1]と呼ばれたジョルジュ・コンラッドは最近、オルバン首相のことを次のように評している。オルバンは「よい民主主義者でもなければ善良な人物でもない」が、彼の移民政策（国境を閉ざしてフェンスを設け、移民がもたらす災いに警鐘を鳴らしている）については、「認めたくはないが……正しい」と。言い換えると、オルバン首相のハンガリー市民に対する強権的な政策は誤りだが、独裁や迫害や貧困を逃れて同国に救いを求める人々への不寛容な政策は正しいというわけだ。

二〇一五年の一二月一七日に開催されたEU首脳会合の模様を、「ニューヨークタイムズ」は次のように伝えている。ヨーロッパの指導者らは「耳障りなダミ声も立てずに」

（自らのメッセージを、慎重かつ「政治的に正しい」言葉の下に押し隠しながら）オルバンの「意見に同調し始めた」。彼らが「移民問題」という形で議論し解決しようとしているのは結局（そして基本的には）、ヨーロッパ大陸の国境線の「管理の再開」である。彼らは、一加盟国であるハンガリーが採用していたダブルスタンダード（二重基準）を、全ヨーロッパの基準にまで引き上げたのだ。

現在（地球上の）六五〇〇万人以上に上る難民の問題に関してもっとも辛辣で一貫性があって経験と学識のあるミシェル・アジェは、「移民政策」は「表面化しつつある二つの世界（清潔で健康的で目に見える世界と、暗くて病んでいて目に見えない「残りの人々」の世界）の違いをより鮮明にしよう」としていると指摘する。現在のような状態が続けば、二つの世界の分断という目的が他の機能を圧倒し、難民キャンプは「弱い難民を救済するためではなく、あらゆる望ましくない人々を収容し保護する施設になる(2)」と彼は予想している。

「残りの人々」の存在は、ヨーロッパにとどまらず、世界規模の現象である。「残りの人々」とは、（難民キャンプではなく）快適で便利な世界に生まれ育って普通の住宅で暮らす私たちの視界に入らず、関心の対象にならないために、私たちに良心の痛みを感じさせない人々のことである。彼らは「おびただしい数のキャンプや、延々と続く狭い通路、島々や海上の岩だな、砂漠の真ん中の囲われた場所」で、「周囲を壁や有刺鉄線や電気柵で囲まれたキャンプや、周囲に何もない収容施設に閉じ込められている」。彼らがやっとのことで私たちの世界にたどりついても、「出入りは狭い通路に限られ、監視カメラや、指紋読み取り機、武器やウィルスや細菌の探知機、思考や記憶捕捉器をくぐらなければならない」。私たちが突然彼らの存在に気づいたのは、それまで見落とし無視していたこの「二つの世界」を結びつける一つの導管を発見したためである。この導管も今では、これまで二つの世界を切り離して、安全な（つまり「通過不能な」）距離を保とうとしてきた取り組みでは塞げなくなっている。私たちが突然盲目な状態から抜け出すことになったのは、良心の痛みに駆り立てられたためではない。「残りの人々」が私たちの玄関先に大挙して押し寄せたために、それまで目にしなくてもよかった世界に直面せざるをえなくなったためである。こうした人々の塊が「狭い通路」を詰まらせた結果、「出入り」すら困難になっている。「ときおり訪れる人々」の出入りをチェックするために作られたハイテクの濾過装置や探知機や捕獲機はもはや時代遅れで役に立たず、信用がおけなくなっており、数千、数万に上る「残りの人々」に対処することができない。

「移民の権利ネットワーク」代表のドン・フリンは、二〇一五年は「人々の出入国の動きが決定的に、また明確にヨーロッパ化された」年として記憶されるだろうと指摘している。(3) フリンはまた、「人々の流れが持続可能な成長や国民の福利の増進にどんな役割を果たすか見守りながら、人権と公平な権利を高めようとしている進歩的で建設的な政府にとっては」、こうした展開はよいことかもしれない、とも指摘している。しかし、こうしたシナリオが少しも決着済みの結論でないことを示す兆候も数多く見られ、物事が逆方向に展開する可能性もかなり高い。フリンは、次のように自らの楽観的な見通しを抑えながら、そのことを認めている。

残念ながら、これまで長い間、移民に対してこのような進歩的な見方をする政府は少なかった。その結果生じた機能不全によって、多くの人々がヨーロッパを混乱や脅威と結びつけるようになった。ギリシャの島々に上陸する絶望した移民の映像や、浜辺に打ち上げられた子供たちの遺体、ハンガリーの国境上で警察官に無理やり押し返される人々、フランスのカレーの不潔な「ジャングル」に暮らす移民たちの姿は、永遠に多くの人々の記憶に刻まれることだろう。

ドイツでは「前例のない数週間が始まり、数十万の人々が突然解放されて、恐怖心や嫌悪感の対象ではなく、歓迎の対象となった」。それに引き換え、イギリスの首相は「ＥＵ市民の移住が福祉制度にとっての重大問題だという証拠もないのに……これは緊急の解決策を要する重大問題だと判断した……いずれの報告書も指摘しているように、自由な移動の権利を行使する人々が福祉制度に大きく貢献している［にもかかわらず］」。今後の見通しについては、「移民の権利を制限して彼らを不安定で脆弱な状態にとどめる恒久的なゲリラ戦を継続する」か、それとも「権利を基礎にした移民管理法への支持を勝ち取る」かの間で揺れている。

欧州連合はもっか、現在の公式政策である「移民問題」の「ヨーロッパ化」を熱心に進めている（これはフリンが予想する「権利を基礎にしたアプローチ」への動きを確信させるものでもなければ予感させるものでもないが）。二〇一五年一二月一九日のＢＢＣニュースでローレンス・ピーターは自らのリポートの題名を「難民危機――ＥＵ国境の安全が新たなスローガンとなった」として、次のように報告している。

ＥＵの指導者たちは、現在の欧州対外国境管理協力機関（ＦＲＯＮＴＥＸ）よりも大きな権限と能力を備えた新たな「ヨーロッパ国境・沿岸警備隊」が必要だという点で一致している。欧州委員会はこの新たな機関は既成の国境警備員の権限を奪うものではなく、補足するものである点を強調した。しかし、加盟国が緊急事態に際してEUの外部国境を保護する義務を守れない場合に、同委員会は当該国の許可なしにEU警備隊を配備できるという点が議論を呼んでいる。それに加えて同警備隊の権限の中には難民の送還が含まれている（現在「送還」は各国政府に任されている）。

「欧州政策研究センター（CEPS）」が、この合意は「安全に重きを置きすぎていて」「根本的な原因とりわけ貧困に対処」できない移民支援方法の産物であると批判したのも無理はない。「移民危機」の震源地であるアフリカ諸国への移送のために配分されるお金は、主としてキャンプの設営に充てられる。そこにヨーロッパに移住しようとする人々が収容されて（厳重に監視されて）、事前審査が行われるが、移民が認められる見込みはない（ヨーロッパへの道は閉ざされることになろう）。それによって、「震源地の国々」は移民の波を止めたいと考えるヨーロッパの思惑に沿う形になる――そこには移民の「根本的な原因」に関する言及はほとんどみられず、無視されているも同然である。

「ヨーロッパの国境線」を強化する協定についてはほとんど満場一致であったが、現時点で、EU加盟各国の満場一致も機能しなくなりつつある。「ガーディアン」紙の内務担当記者であるアラン・トラヴァーズは、ヨーロッパの現在の行動と思惑について次のようにまとめている。

フランスのIFOPが行った七カ国の調査によると、難民を戦争や迫害から守るという原則に対するドイツ国内の支持率は、九月の七九％から一〇月には七五％に下落した。イギリス、フランス、オランダにおける支持率は半数以下であった。ドイツでは難民の上限に対する要求がメルケル首相に打撃を与えているものの、彼女を退陣に追い込むまでには至っていないようだ。他方、イギリスのデイヴィッド・キャメロン首相とテレサ・メイ内務大臣はドアを硬く閉ざしているばかりか、さらにその動きを強めようとしている。九月から一一月にかけてドイツが一〇万八〇〇〇人の難民を受け入れたのに対し、キャメロンは先週、一〇〇〇人のシリア人を定住させたと豪語した（ドイツよりも長い期間の間に）。同首相は、四〇〇万のシリア難民を一〇億ポンドという大規模支援によって「地域内に」とどめ、「地中海を渡ることと、ヨーロッパで居住権を得ることを切り離す」ことで、人々が祖国を離れようとする気持ちを起こさせない方がよいと断言した。[4]

移民問題の「ヨーロッパ化」へのリップサービスを行いながら、それに伴う義務を免れようとしているのは、イギリスのキャメロン首相だけではない。トラヴァーズはデンマークの例についても触れている。「政治家の中から難民の宝石や現金の没収という提案が出される中で、デンマークなどの国々は、移住プログラムへの参加というかつての公約を破棄している。この計画案の下で海や陸伝いにヨーロッパに到来する一〇〇万人の難民のうちたった一六〇人しか移住していないのは、ヨーロッパの措置の欠陥によるものである」。人道的な悲劇を食い物にしようとする密航船の難破に伴う犠牲者の救出に積極的だとして注目を浴びている国々ですら、悲劇が起こった後で、それに反応するだけで、そうした悲劇が起こるのを未然に防ごうとはしていない。

現在、ＥＵはシリア人に天国で暮らせる見通し（つまりドイツでの生活）を提示している。ただし、それも彼らがまず悪徳業者にお金を払い、生命を危険にさらす場合に限ってである。この誘惑に屈したのは二%だけだったが、当然のことながら、その過程で数千人が溺死した。この政策は非常に無責任なものであり、道徳的な観点から見れば、人命救助というより殺人に近い。それは数少ない人々に大盤振る舞いし、数千人を殺し、数百万人を無視するものである。(5)

第6章　憎悪の人類学的ルーツvs時間拘束的ルーツ

すべての人間に理性が備わっているおかげで、人間には道徳つまりは善悪の知識がある、とカントは信じていた。しかし、道徳性があるから必ず道徳的な行為が生じるのかどうか、彼には確信が持てなかった。多数の否定しがたい証拠を基にしてハンナ・アーレントが述べているように、「道徳的な行為は自明なものではない」[1]のである。こうした知識と行動の不一致に気づいていたカントは、その理由は「人間の本性の忌まわしい場所」にあると考え、それを「自分に嘘をつく能力」であると考えた。彼は、自分に嘘をつく能力が必然的にたどりつく、非常に人間的な、自己への軽蔑の恐れ（人間のもう一つの普遍的な特徴）が、そうした能力を抑えてくれるのではないかと期待した。にもかかわらず、これはその期待を十分叶えてくれるほど強い動機にはならないのではないかという考えに、カントはつきまとわれていた。

それでも、カントは「私の中の道徳法」つまりは「あらゆる動物性や感覚の世界からも自由である生」を明らかにすることを通じて、「私の価値を大いに高めてくれる」ものの存在による自尊心や自己敬意への関心に期待をかけようとした。アーレントは、カントの論法を解釈する中で、「個々人の資質こそが『道徳的な』資質である」と述べている。カントの論法が論理的に申し分ないことを認めるとしても――また、そうであるがゆえに、哲学的な命題の権威を評価するために通常用いる基準によって検証すれば、その結果が真理であることは証明されるだろう――、「どのように意志を説得して理性の支配を受け入れさせるか」という最大の難問に対する回答は、プラトンの洞窟のたとえによって想定済みの「目に見える証拠をどのように説得力のある言葉や議論に変えるか」という問題への回答などと同様、得られないままである。しかし、アーレントは、求めなければならない両方の疑問に対する回答の場所（彼女の議論から導き出されるように、それがそこで見つかるかどうかは別問題だが）をどう探すかをめぐって、重要なヒントを提示している。「政治的にみると、思考と行為の主な違いは、思考しているとき私は自己か、あるいは他なる自己とともにあるだけだが、行為を開始した瞬間から、他の多数の人々とともにある、ということにある」と。彼女が言いたいのは、思考と行動の間の橋を見つけるには、社会学（あるいはは社会心理学）と対話の技法によって活用され、育まれる場に焦点を当てる必要がある、ということだ。

フェスティンガーは、（先天的かつ固有の矛盾から自由な、論理的に洗練された宇宙を求めることで悪名高い）哲学的な思考の場以外の場所を吟味しながら、道徳的な知識と道徳的行為の間の悩ましい不一致から生じる認知的不協和を免れることができる、包括的な道路マップを作ろうとした。その多様な道に共通する点は、偽善や嘘である事実を隠したり、嘘であると気づかせないようにしたりして、自己への軽蔑に襲われるのを避けることである。こうした巧妙な方法は信念、つまりは何かに対する完全で揺るぎない信頼と自信、反証や反論から自由な堅固で断固たる確信によって達成される。なぜなら、それは証拠ではなく精神的な確信に基づいており、証拠の必要性そのものを否認し、例外や誤謬ではないかという疑いを生じさせるあらゆる証拠を事前に拒否するか、即座に退けてしまうためである。それによって、論理的な推論と経験的な推論の順序は逆になる。証拠に基づく批判的な検証に曝されざるをえない知識と違って、信念と一致するかどうか証明するのは証拠の側である。これこそ、アーレントの「多数」、つまりは私たちが「行動を開始する瞬間」から欠かすことのできない仲間（そして、私が行動を開始する際の必要不可欠な条件とつけ加えておこう）が、その場面の欠かせない一部となるポイントである。裏づけとなる証拠がなかったり、裁判所への入場が拒まれたりしても、私が「正しさ」や正しい判断に従えるという自信は、ハイデッガーの「世人」とサルトルの「ひと」によって、つまりは「物事はこのように行われている」あるいは「（ほとんどの）人が行っている」ことによって支えられる。より多くの人がそれを行えば行うほど、私の信念は確実で揺るぎないものとなる。「世人」と「ひと」はいずれも数の権威のことに他ならない。

「世人」と「ひと」はともに、二人の哲学の大家によって、人間の条件の多少なりとも超時間的な特徴とみなされてきた。つまり、永遠不滅の人類学的な特徴とされてきたのだ。しかし、本当にそうなのだろうか（つまり、ホモ・サピエンスの歴史に照らして永遠不滅のものなのだろうか）。この問題に対する回答がどのようなものかは別にして、次のことだけは疑問の余地がない。それは、もっか新たな時間拘束的な環境が出現しつつあり、それが私たちの行動に付随するものを――その目標の選択を決定するインパクトとそれを決定する役割、その追求に配置される戦術を――新しくてより大きな次元や重要性を持つ持続的で未完成なプロセスの中に組み込んでいることである。それらは複数の偶然の展開によって生じている。

私たち自身と私たちを取り巻く人々の経験からよく分かっているのが、次のような展開である。それは、私たちが今や前例のない「オンライン」と「オフライン」という二つの異なる世界に住んでいることだ——私たちが一方から他方に移動する場合も、二つの世界の間に明確な境界線や移民ブースもなければ、私たちが犯罪者かどうかをチェックしたり、パスポートやビザを確認したりする警備員も係官もいないため、ほとんど気づくことがない。私たちは同時に両方の世界にいる場合も多い（食卓を囲んだり、街頭を一人もしくは集団で歩きながら、数百マイルも離れたフェイスブックの友人とツィートを交わしたりしている）。それにもかかわらず私たちは、自覚しながら意識的に、あるいはぼんやりと関心のおもむくままに、二つの世界を移動する。それぞれの世界には、そこに入る人々を待っている一連の期待と、従うよう求められる行動パターンがある。

二つの世界の間には大きな違いがあり、長大なリストを作れるほどである。しかし、そのうちの一つは「移民危機」問題に対する私たちの反応に重くのしかかってきそうである。オフラインの世界で私は支配される側であり、不確かで気まぐれな環境に従うよう期待され強制されており、自分の位置や役割や義務と権利のバランスを維持し、調整し、交渉しなければならない——そのすべてが排除や放逐という明確なあるいは予想される制裁によって守られ、従わなければそうした制裁を課せられる。しかし、オンラインの世界では逆に、私たちの側が指令を出し、支配する側である。オンラインの世界で私はまるで環境をコントロールしているような気分になり、課題を設定し、従うものに褒美をあげ、手に負えないものを処罰し、追放や排除といった恐ろしい武器を使用する。オフラインの世界では私がそこに帰属しているのに対し、オンラインの世界で私は帰属させる側である。オフラインからオンラインの世界に移ろうとすると、自分の思い通りになる世界や、自分の欲望に従ってくれる世界や従いたがっている世界に入るような感じがする。

オフラインと比べたオンラインのメリットは、オフラインの世界の住民を悩ます不快な思いや、不便さ、苦痛を免れることが約束され、期待されることである。オフラインの生活につきものの悩ましいディレンマは解決できなくても、それをいったん中断し、カーペットの下に掃き出し、視界から消し、とりわけそれを、私が自分のために準備し開始しようとする職務と無関係なものとすることに伴う悩みは免れそうである。この世界の苛立しいほどの複雑さに比べれば、あらゆる作業が簡単であり、さほど苦労もなく行えそうに思える。仮にそれを行うのが大変すぎて、結果が出るのがイライラするほど遅ければ、何の未練もなくすぐさま放棄して、まだ試みていないため信頼性には乏しいが、そうであるがゆえに逆に有望なものと信じられ期待される、他のものに移ることができる。オンライン選択には最終的なものも取り消しできないものもないし、取り返しのつかない後退もなければ取り戻せない失敗もない。

オンラインの世界を航行する際に、より快適でより不便でない方位計だけが（二つであるが）選ばれるのは当然である（他のすべてのものは有害である）。オフラインの世界における作業がより複雑で不確実で困難になればなるほど、オンラインの世界で約束される単純さと容易さはよりいっそう魅力的になる。オフラインの世界は救いがたいほど混成的で他律的で多声的で、選択を続けなければならない。言い換えると、曖昧でない選択など存在せず、すべてが「根本的な異議申し立て」にさらされ、もっとも綿密な予測さえ無視するような結果が出てきたりする。それに比べてオンラインの世界は、複雑さを軽減し、議論を免れる機会をもたらしてくれるがゆえに、魅惑的であると同時に心地いいほど明快であり、リスクを免れている。複雑さが受け入れがたくなり、議論に決着がつきそうもなくなればなくなるほど、そうした機会の持つ魅力は高まることになる。

現在の「移民危機」によって生み出され、移民パニックによって悪化した諸問題は、もっとも複雑で議論を呼ぶ性質のものである。つまり、そこで、道徳の定言命法（あるいは

〔絶対的で〕無条件の命法）は、ゲートにいる大量の見知らぬ人々が体現する「大きな未知のもの」の恐怖心と直接対峙することになる。目に見えない危険を抱えた見知らぬ人々を目にすることで生じる衝動的な恐怖心と、人間の悲惨を目にすることで促される道徳的な衝動は葛藤状態に陥る。意志を説得して道徳性の命令に従わせようとすれば道徳性に対する疑念が強まり、逆に道徳性の命令に耳を塞ごうとすれば意志に基づく作業が苦痛になる。

私たちはみな、こうした葛藤の場面において、戦場、兵士、審判員の役目を同時に割り振られてきたのかもしれない。したがって今後、多くの人々がオンラインという濾過装置《フィルター》が提供してくれる「大いなる単純化」に誘われることになろう。そこでは、敵と至近距離で対峙する可能性がなくなるからだ。そこでは自分の目を敵の居場所に据えながら、相手の議論に耳を塞ぐという単純な方法を用いるだけで、心苦しくて自尊心を傷つける不誠実という落し穴の上を滑空することができる。オフラインの世界ではほとんど不可能なこうした方法も、オンラインの世界なら簡単に行うことができる。そうであるがゆえに、予想されることだが、多くのインターネット・ユーザーがインターネット施設を設置するのは、戦場の光景や音声を締め出すためだと研究者は考えてきた。そこでは、「快適な場所《コンフォートゾーン》」を生み出すために、同じ考えを持つ人だけが入場を許され、異論を唱える人々は阻まれる。

議論そのものや議論を仕かける人を視界や記憶から消したくなったら、心を決めて「削除」キーを押すだけで十分である。せっかく身につけた信念に異論を唱えたりすると間違いだったと分かる危険性があるので、議論を始めるのは避けた方がよい。そうすれば、道徳的な要請の重要性や深刻さについて論じる必要がなくなり、安心感がもたらされる。言い換えると、道徳的に盲目な状態になることができて、別の選択肢と結びついている危険を免れるようになる。こうすれば万全である。

「米国科学アカデミー紀要」に発表された最新研究が示すように、「数百万のアメリカ人」が道徳的に盲目であることを考えれば、彼らが「自分たちは基本的に善良だが、他の人々は邪悪で道を踏み外していると信じている」[2]のも不思議ではない。現在行われているアメリカ大統領選挙のもっとも人気のある共和党候補で、人種的・宗教的な憎悪のレトリックや『われわれと彼ら』という分断の構図に基づく毒舌を繰り出す一方で、支持者に向かって敵意に満ちた演説を行っているという非難については、これを否定している」ドナルド・トランプについて、「ニューヨークタイムズ」の編集者エマ・ローラーは「〔ソーシャルメディアを通じた〕急速情報拡散時代の完璧な候補者」[3]と呼んでいる。なぜそうなのか。ハワイ大学のある心理学者は、もっとも熱心に共有される伝搬力のある事柄が「無意識（unconscious）から直接生じる」ものであるのに対し、「他者への憎しみや恐怖心や怒りは非意識（nonconscious）から直接生じる」と指摘している。携帯電話やタブレットやラップトップの画面の前の一匹狼は、「ネットで結ばれた」人間とだけ接触し、理性と道徳を眠り込ませて、ふだんは抑え込んでいる感情を解き放っているのかもしれない。

インターネットが道徳感覚に乏しいインターネット利用者の増大の原因でないのは明らかだが、その増大を大いに促しているのは事実である。

議論の的になっている傾向の原因を探るには、こうしたツールそのものに目を向けるだけでなく、ユーザーの動機を明らかにし、ユーザーがなぜそうしたツールが提示している可能性を熱心にとらえようとするのか、深く掘り下げてみる必要がある。この新たなツールが熱烈に支持され、愛用されていることを考えれば、このような満足感をもたらすツールに対するニーズや欲望は以前から存在していたに違いない。こうしたニーズと欲望は人間の新たな共生のあり方によって生み出されるものであり、それによって既存のノウハウや、それが役立つはずだった慣習的な行動パターンが不適切なものになるか、あまり効率的でないものになる。同様に、この新たなツールの出現は、最近まで支配的だった生活のあり方を、時代遅れで、競争力に欠けていて、ほとんど余分で劣ったものと思わせることで、そのニーズと欲望を争う余地のない不可欠なものにするのに役立つ。

私たちはすでにビュン＝チュル・ハンの指摘にならって、[4] 最近出現した社会（それ以前の「規律社会」と入れ替わろうとしている社会）を「業績追求者」の社会（ルイ・アルチュセールの言葉を借りて、その成員に「業績追求者」としての能力を「証明させる」社会）と名づけてきた。今日の業績追求者は、「常に接触しあっている一匹オオカミ」であるインターネット利用者とは違って、業績を競い合っている。業績達成能力を備えざるをえないのは個人化の結果である。つまり、コミュニティの絆がしだいに浸食されて脆弱になり、集団をまとめ上げていた集合性が最終的に機能しなくなったために、個々の成員が自己規定や自己主張、（完全な）自己配慮の負担を引き受けることになる。言い換えると、すべてを自分自身の資源や能力や勤勉さに頼らなければならない。それに代わる環境が存在しない中で、それらのすべての義務を市場の枠組みの中で果たす必要がある。したがって、業績追求者であることは、市場中心の商品売買に参加しているのも同然といえる――そして業績追求者はまず、自らの努力で、自らを販売できる商品、つまりは購入者にとって魅力的なものにして、市場に持ち込まねばならない。そのためには、他の売り手をしのぐ値段をつけて、たくさん売らなければならず、基本的に、他の売り手のことをゼロサムゲームにおける実際の、あるいは仮想の競争相手とみなさざるを得ない。というのも、隣人や仕事仲間や通行人など周囲の人々も同じゲームに参加することになり、無意識のうちに互いを悪意を持った競争相手とみなし、そうでないことが証明されるまでは、そうみなすことになるからである。したがって、他人に対する最初の反応は警戒や疑念の混じったものとならざるをえない——拠り所を求める衝動から生じる漠然とした不安、それは名状しがたい脅威であるがゆえになおさら苛立たしい。当分の間、それに続く道徳的命令は中断される。理性は道徳性の覚醒を促す代わりに慎重であるよう促す。つまり、眠っている道徳性を覚まさないようにするのだ。

したがって、私たちは今日、新たに復活したホッブズの「万人の万人に対する戦い」の時代にいることになる。ひょっとすると、本当にそこにいるのではなく、そこにいるように感じているだけかもしれない。恐怖心があると至るところに目を光らせるようになり、各所に危険が潜んでいるような感じがする。壁は穴だらけであり、その安全性は、コンクリートでできた城壁というよりは擦り切れた網程度である。生活は困難で不合理なものに感じられ、困難で不合理であればあるほど、それは長く続く。フェイスブック上の友人は一緒に大声を出す分には楽しいが、一緒に何かをしようとなると、ほとんど役に立たない。

いざという場合（幸運であればそういうことは稀だが、そうでない場合の方が多い）については言及するまでもない。そういう場合には、不朽のことわざが示す助言に従って、彼らが「真の友」である証拠を示すことが必要になろう――たとえば次の人員削減や外部委託や、リストラなどの際に。そうしないと、自分で自分の首を絞めることになり、さらなる事態の悪化を招く可能性もある。

まるで自分が被害者であるかのように感じられる。何の被害者かといえば、自分がコントロールもできなければ影響も及ぼせない環境の被害者である。私たちは往々にしてそれを「運命」と呼ぶ。しかし、そう呼ぶのは傷に塩を塗るのに等しい。つまり、自分は落伍者であるばかりか、屈辱と恥辱まで味わって、近視眼的で無知で不器用で、不注意な失敗までおかしてしまう――運命には顔がない上に、それに顔をつけようとしても無駄だから。被害者の側がこうした攻撃を避け、自らの尊厳と自尊心を守るためには、加害者の居場所をつきとめ、それに名前をつける必要がある。逆にいえば、加害者はその所在地を突き止められ、特定され、名前を与えられ、認識しやすい顔をつけられる必要があるのだ。

移民なかでも新たに到来した移民はこうした条件に非常によくマッチする。彼らの名前（少なくとも一般的な名前）は、すでに与えられている（いたるところに、精神や思考の支配を競い合う政治家やジャーナリストがいて、あなたに代って、名前をつけたり、彼らの所在を突き止めたりしてくれる）。その結果は、二足す二が四であるのと同じくらい分かりきっている（自明の事柄である）。あなたは、彼らが街頭に現れる前から、自分の仕事が不安定でその幸福がはかないものだったことを知っていたのに、それを思い出そうとしない――今や、彼らは到着してしまっているか、その途上にあり、あなたはそれが事実であることを先刻承知である。

こうした被害の容疑者を選び出すこのメカニズムは完璧で申し分ないように見える。それは確かにその通りかもしれない。ただし、それに反論を試みる人間の存在つまりは対戦相手との遭遇が起きれば話は別である。そういう相手が現われれば、たとえそれが無条件の合意を目指す対話ではなくても、相互理解を目指す対話につながる可能性がある。ルートヴィヒ・ウィトゲンシュタイン〔オーストリア生まれの哲学者、一八八九―一九五一〕が『哲学探究』で規定しているように、どのようにして〔対話の〕「進め方を習得しながら」（つまり、あらゆる不安の源泉である不確実性を免れながら、あるいは少なくとも軽減しながら）」〔相互〕理解にたどりつくことができるのか。二〇世紀最大の哲学者の一人であるハンス・ゲオルク・ガダマー〔一九〇〇―二〇〇二〕は『真理と方法』の中でその方法を示し、理解は「地平の融合」のプロセスであると述べている。それは、ジェフ・マルパスがガダマーの哲学の本質に関する説明（私の考えではもっとも有益な説明）、「共通の枠組みあるいは『地平』を確立する……（地平の融合(5)）」の中で示しているものから構成される。知の地平、つまりは出会って会話に入るすべての人間が動員する言葉――彼らが生きる世界（彼らの生活世界）を把握し、理解し、納得するために、動員する言葉――によって引き出される地平は、溶解し融合する地点へと近づいていく。しかし、そうした事態が生じるためには、言い換えれば、互いに食い違っていたため疎遠であった二つの未知の領域を会話に加わる双方にとって既知のものにするには、まずは互いの「生活世界」がしだいに重なり合う必要がある、と付け加えておこう。地平の融合と生活世界の融合が絡み合い、調整しあい、舵を取り、何が起ころうとも困難を乗り切り、完遂を目指すのである。

ただし、私たちは、ガダマーの考え方に欠かせない要素である理解の決定的な特徴を認識する必要がある、つまりは理解が永久に未完成で、「生成の過程にある状態で」、継続しており、終わっておらず、終わりそうもないプロセスであることを認識しなければならない。ガダマーが理解は「方法やテクニックには還元されない」と主張しているのは、そういう理由からである。理解を目的とした会話にどのような方法やテクニックが適用されようとも、それは会話の過程で生み出される必要があり、登場する傾向があり、再交渉を行い、改訂を施す必要がある。こうした考え方をさらに発展させたリチャード・セネット〔アメリカの社会学者、一九四三—〕は、すべての対話は「非公式」でなければならない、言い換えれば、会話を始める前からその手続き上のルールを固定すべきではないと主張している。

結論として、マルパスの分析をもう一度引用してみよう。

ガダマーが『真理と方法』でようやくたどりついた基本的な理解のモデルが会話のモデルである。一つの会話は当該問題について合意を求めようとするパートナー間の意見交換で構成される。したがって、そうした意見交換はパートナーのいずれか一方が支配する中では完全なものではなく、むしろ当該問題によって左右されるものとなる……会話と理解はともに合意に達することに関わるがゆえに、すべての理解には共通の言葉のようなものが必要になる、とガダマーは指摘している（共通の言葉そのものも理解の過程で形成されるものだが）。

言い換えれば、プディングの味を吟味するには実際に食べてみる必要があるように、会話が相互理解や相互尊重さらには最終合意（たとえ、「不合意への合意」に至る合意にすぎなくても）への王道であることを確かめるためには、会話に入り、その過程で生じる障害物について交渉を重ねながら、会話を継続していく必要がある。その障害物がどんなものであろうと、またそれがどれほど巨大に見えようとも、会話こそが合意や平和的で互恵的で協力的で共生への王道であることに変わりはない。それはそこに競争相手が存在しない上に、それに代わるものも存在しないという単純な理由による。アッピアの次の指摘を注意深く読み、記憶しておこう。

私が今後、［地球上における人類の居住のあり方が急激にコスモポリタン化していることをめぐる彼の研究に］立ち戻る際のモデルとなるのが会話のモデル、とりわけ異なる生活様式を持つ人々の間の会話である。世界の人口密度は増大しつつあり、半世紀後には九〇億人に近づく。そうした環境の変化に伴って、国境を越えた会話が楽しいものになるか混乱を招くようなものになるかは定かでない。しかし、それがどんなものであろうと、会話が不可欠であることだけは確かである。

不思議なことに、アッピアのこの言葉は本書の結論にふさわしいようである。というのも本書は、「移民危機」が、私たちの共有する世界の現状と、私たち全員が好むと好まざるとに関わらず直面している選択肢、さらには、それらの中から予見できる将来において否応なく選択を迫られる事柄について明らかにしてきたからだ。

注

第1章

（1） Michel Agier, *Managing the Undesirables*, trans. David Fernbach, Polity, 2011, p.3. を参照。

（2） www.bbc.co.uk/news/uk-31748423. を参照。

（3） Robert Winder, *Bloody Foreigners : The Story of Immigration to Britain*, Abacus, 2013, p. viii.

（4） Zygmunt Bauman, *Wasted Lives : Modernity and Its Outcasts*, Polity, 2003.（中島道男訳『廃棄された生――モダニティとその追放者』昭和堂、2007）を参照。

（5） Paul Collier, *Exodus : Immigration and Multiculturalism in the 21st Century*, Oxford University Press, 2103――ここでは 2014 Penguin edition, pp. 50-1. より引用。

（6） www.theguardian.com/commentisfree/2015/dec/11/the-media-needs-to-tell-the-truth-on-migration-not-peddle-myths.

（7） www.taleswithmorals.com/aesopfable-the-hares-and-the-frogs.htm. に掲載されている。

（8）「マリーヌが権力の座につく見込みは限られているかもしれないが、その訴えは、不平不満を抱く国民の間でしだいにその支持を広げている。それでフランス人の気は紛れるだろうか。それは自分の身に跳ね返ってくるかもしれない」とＢＢＣはフランスの地方選挙の後半戦の後でコメントしている。この選挙で、与党である社会党の候補者たちは、国民戦線を止めるために選挙戦から撤退しなければならなかった。おかげで、その主要な対抗勢力である右派の共和党のニコラ・サルコジが勝利する道が開かれることになった（www.bbc.co.uk/news/world-europe-35088276)。しかし、「その間も失業率は上昇し、テロがはびこって、政府に対する反発は強まり続けている」。

（9） Jonathan Rutherford, *After Identity*, Laurence and Wishart, 2007, p.60.

第2章

（1） www.huffingtonpost.com/entry/hollande-attacks-borders-curfew_56467d29e4bo45bf3def3699.

（2） http://foreignpolicy.com/2015/11/20/hollandes-post-paris-power-grab.

（3） http://europe.newsweek.com/after-paris-hollandes-popularity-soars-highest-level-three-years-400299?rm=eu.

（4） http://hungarianspectrum.org/2015/12/18/hungarians-fear-of-migrants-and-terrorism.

（5） www.nytimes.com/2015/12/31/opinion/americas-bountifulchurn.html?emc=edit_th_20151231&nl=todaysheadlines&nlid=43773237&_r=0.

（6） www.theguardian.com/commentisfree/2015/dec/14/europe-refugees-syrians-terror-moas.

（7） www.euractiv.com/sections/global-europe/best-weapons-against-terrorism-320551.

（8） Erving Goffman, *Stigma:Notes on the Management of Spoiled Identity*, Penguin Books, 1968, とりわけ、第1章 'Stigma and Social Identity' を参照。（石黒毅訳『スティグマの社会学――烙印を押されたアイデンティティ』、せりか書房、二〇〇一）。

（9） www.gettyimages.co.uk/detail/news-photo/department-of-homeland-security-chief-jeh-johnson-speaks-at-news-photo/502828982.

（10） www.theguardian.com/world/2015/dec/25/david-miliband-interview-syrian-refugees-us-uk.

（11） www.euractiv.com/sections/global-europe/best-weapons-against-terrorism-320551.

第3章

（1） www.socialeurope.eu/2015/12/the-revolt-of-the -anxious-class. を参照。

（2） http://inthesetimes.com/article/18678/bringing-socialism-back-how-bernie-sanders-is-reviving-an-american-tradition. を参照。

（3） 来るべき大統領選挙の民主党候補指名争いでの「民主社会主義」的公約について。「ニューヨークタイムズ」が報告しているように、「木曜日午後のジョージタウン大学における演説で、サンダース氏は、自らの政策とマーチン・ルーサー・キング牧師やフランクリン・D・ローズヴェルトの遺産を結びつけながら、富の再配分こそアメリカの社会契約の核心に位置するものである、と述べた。彼が拍手喝さいを浴びたのは驚くべきことではない。サンダース支持者の六九％が社会主義に肯定的な見方をしており、否定的にとらえる人は二一％にすぎなかったからだ。もう一人の民主党候補者ヒラリー・クリントンの支持者の間にも社会主義に賛成する人が多く、五二％対三二％であった」（www.nytimes.com/politics/first-draft/2015/11/20/poll-watch-democrats-even-clinton-supporters-warm-to-socialism/?_r=0）。

（4） Ken Hirschkop, ‘Fear and Democracy: an Essay on Bakhtin’s Theory of Carnival’, *Associations,* 1997, I, 209-304, バフチンの *Rabelais and His World*, MIT Press, 1968. より。

（5） Zygmunt Bauman, *In Search of Politics*, Polity, 1999, pp. 58-9.（中道寿一訳『政治の発見』、日本経済評論社、二〇〇二）。

（6） Roberto Calasso, *K.*, trans.Geoffrey Brock, Vintage Books, 2006.

（7） Byung-Chul Han, *La Société de la fatigue*, Circê, 2014 (German original: *Müdigkeitgesellschaft*, 2010).
（8） 完全な文章は、*Franz Kafka : The Collected Short Stories*, Penguin Books, 1988, p.432. と http://zork.net/~patty/pattyland/kafka/parables/prometheus.htm. に掲載されている。ともに一九三三年の Willa と Edwin Muir の翻訳を使用している。
（9） Alain Ehrenberg, *La Fatigue d'être soi*, Odile Jacob, 2008.
（10） Byung-Chul Han, *La Société de la fatigue*, p. 55.
（11） Ivor Southwood, *Non-Stop Inertia*, Zero Books, 2010, pp.37, 15.
（12） Isabell Lorey, *State of Insecurity*, Verso, 2015, p.2.
（13） *ibid.*,p.13.
（14） Carl Cedeström and André Spiser, *The Wellness Syndrome*, Polity, 2015, p.6. を参照のこと。
（15） Ulrich Beck, *A God of One's Own*, Polity, 2010, p.62.（鈴木直訳『〈私〉だけの神――平和と暴力のはざまにある宗教』、二〇一一、岩波書店）を参照。
（16） Ulrich Beck, *Cosmopolitan Vision*, trans. Ciaran Cronin, Polity, 2006.

第4章

（1） Stéphane Dufoix, *Diasporas*, University of California Press, 2015, p.35. に引用されているように、「定住生活は人類史における最近の展開である」とデュフォアは結論づけている。
（2） Kevin Kenny, *Diaspora*, Oxford University Press, 2013, p.17.
（3） Kwame Anthony Appiah, *Cosmopolitanism:Ethics in a World of Strangers*, Penguin, 2007. を参照。
（4） http://www.mtholyoke.edu/acad/intrel/kant/kantr.htm.

（5） Hannah Arendt, 'Some Questions of Moral Philosophy' in Arendt, *Responsibility and Judgement*, Schocken Books, 2003, pp.50-2.（中山元訳『責任と判断』、ちくま学芸文庫、二〇一六）

（6） Leon Festinger,, 'Cognitive Dissonance', *Scientific American*, 1962, 207(4), 93-107. を参照。

（7） http://news.yahoo.com/economic-migrants-children-human-shields-czech-leader-154015439.html.

（8） www.theguardian.com/media/greenslade/2015/jul/30/calais-migrants-crisis-national-newspapers-blame-french.

（9） www.nytimes.com/2015/12/26/us/thriving-in-texas-amid-appeals-to-reject-syrian-refugees.html? emc=edit_th_20151226&nl=todaysheadlines&nlid=43773237&_r=0.

（10） www.dailymail.co.uk/news/article-3301963/Katie-Hopkins-not-face-charges-allegations-incited-racial-hatred-article-comparing-migrants-cockroaches.html.

第5章

（1） 'Hungary's Migrant Stance, Once Denounced, Gains Some Acceptance', *New York Times*, 21 December 2015.

（2） *Gérer les indésirables*, Flammarion, 2008; ここでは *Managing the Undisirables*, trans. David Fernbach, Polity, 2011, pp.4,3. から引用。

（3） www.migranttales.net,21 December 2015.

（4） www.theguardian.com/world/2015/dec/22/britain-can-no-longer-sit-out-refugee-crisis-as-eu-prepares-for-greater-numbers.

（5） Paul Collier, 'Beyond the Boat People: Europe's Moral Duty to Refugees', *Social Europe*, 15 July 2015.

第6章

（1） Hannh Arendt, 'Some Questions of Moral Philosophy, in Arendt, *Responsibility and Judgement*, Schocken Books, 2003, p.62.（中山元訳『責任と判断』、ちくま学芸文庫、二〇一六）。

（2） *New York Times* 26 December 2015:http://nytimes,com/2015/12/27/opinion/ sunday/the-real-victims-of-victimhood.html?em で Arthur C. Brooks によって報告されている。

（3） www.nytimes.com/2015/12/29/opinion/campaign-stops/donald-trumps-unstoppable-virality.html?emc=edit_ty_20151229&nl=opinion&nlid=43773237.

（4） Byung-Chul Han, *La Société de la fatigue*, Circê, 2014（German original: *Müdigkeigesellschaft*,2010）.

（5） Jeff Malpas,'Hans-Georg Gadamer', in Edwald N. Zalta(ed.), *The Stanford Encyclopedia of Philosophy* (Summer 2015 edition), http://stanford.edu/archives/sum2015/entries/gadamer.

訳者あとがき——解説も含めて

本書は、二〇一六年にポリティ・プレス社から刊行された *Strangers at Our Door* を全訳したものです。本書が主として、今日世界中を揺るがせている難民問題に焦点を当てながら議論を進めていっているため、その点を加味して、題名を『自分とは違った人たちとどう向き合うか——難民問題から考える』としました。

著者ジグムント・バウマンについては近年、邦訳書の出版が相次ぎ、その経歴についても各書で詳しく紹介されているので、ここでは省くことにしますが、彼がポーランドのユダヤ人家庭に生まれ、冷戦時代に当時在職していたワルシャワ大学を逐われた後、イギリスに移住した経歴の持ち主であることは触れておきたいと思います。この経験が本書のテーマである移民や難民の問題に対する著者の考え方や立場に大きな影響を与えていると思われるからです（なお、残念なことに、今年一月九日、著者は九一歳の生涯を終え、永眠されました）。

さて、以下では、訳者の立場から、本書を読み解くためのいくつかのポイントやキーワードを簡単にまとめてみますので、これから本文を読まれるという方々の参考になればと思います。

第1章「移民パニックとその利用（悪用）」では、浜辺に打ち上げられた移民や難民の子供の遺体など衝撃的な映像が引き金となって、彼らを取り巻く悲劇について一時期大々的に報道され、一般市民の関心も高まり同情の波も広がっていくものの、やがて沈静化して日常のひとこまとなり、関心を引かなくなっていく現状に触れています。そして、こうした「無関心化」のメカニズムと、それに伴ってこの問題に対する世界規模の根本的な解決策が練られないままになっている現状に警鐘を鳴らしています（「無関心化」や「道徳的中立化」は著者にとって近年の大きな関心事となっています）。それと同時に本章では、こうした悲惨な状況下にある難民の到来が、国内の不遇な人々にとって「下には下がいるのだ」という発見につながり、それが現状に対する不満の解消や自尊心の回復にもつながる点、さらにはこうして新たに到来した移民や難民が「悪い知らせをもたらす使者」として非難され処罰されてしまうという奇妙な社会心理学的な機制にも触れています。重要な諸問題に対して有効な対策を打ち出せない各国の政治家たちもまた、選挙民の不満を和らげたり逸らしたりするために、こうしたメカニズムを積極的に利用（悪用）しようとします。

第2章「避難所を求めて浮遊する難民たち」のキーワードは、最近政治家やメディアが頻用するようになった「安全保障化（securitization）」です。そして、この言葉やそれに基づく政策が、難民の悲惨な実態や、難民問題を引き起こしているグローバルな要因から目を転じさせて、もっぱら難民（とりわけ中東出身の難民）に混じった一握りのテロリストへの対策、つまりは国内の治安・安全対策へと収束・矮小化する働きをしていると指摘しています。それに伴って難民や移民問題に対する強硬策を主張する政治指導者の支持率は高まる上に、難民の悲劇に関心を寄せない一般市民の道徳的な後ろめたさも和らいだり、解消されたりする効果もあるがゆえに、いっそうこの種の言葉は多用されることになります。こうしてみると、こうした新たな言葉の出現が契機となって、思考の転換が促されたり、問題の焦点がずらされたりして、新たな現実が構築されていくことが分かります。しかし、このような一部有力政治家による「移民はすべてテロリスト予備軍」的な主張がヨーロッパ中に反イスラム感情を掻き立ててイスラム教徒全体に対する敵愾心を高める結果、世界中のイスラム教徒にグローバル・ジハードを呼びかけている真のテロリストたちの術中にはまってしまうという現象が起きています。

第3章「強い男（女）の指し示す道」の強い男・女とは、具体的には、昨年のアメリカ大統領選挙で移民排斥を唱えるなどして当選したドナルド・トランプと、今年のフランス大統領選挙の有力候補と目されている極右の国民戦線党首のマリーヌ・ル・ペンを指していると思われます。本章では、こうした極端で偏った主張をする人物が政治の場で大きな影響力をふるうようになっている背景や原因を詳しく分析しています。そして、その主要な背景として、これまで「規律社会」とその秩序を支えてきたしくみが壊れて、「個人化」と「業績主義」に基づく社会へと移行した結果、あらゆる問題処理は個人に任せられることになり、社会に見放されて孤立した個人が不安や恐怖心に飲み込まれていることがあるとしています。そのような不安な状態にありながらそれを克服できずに、従来の地位や財産を失いそうな「不安な階級」（言葉を換えれば「プレカリアート」）の無力感が、それを癒してくれて、自信や自尊心を取り戻してくれそうな「自分自身の神々」ひいては「強い男（女）」への希求や期待、さらにはそうした不安や恐怖心を外に吐き出す回路としてのレイシズムやナショナリズムの高まりにつながっているというわけです。著者はこうした事態をＴＩＮＡ（これしか選択肢はない）と唱えて、規制緩和や民営化、ひいては社会やコミュニティの解体を推し進めてきた新自由主義政策の結果だとしています。

第４章「過密状態をともに生きるための方策」では、すでに二〇〇年以上も前に、収容能力の限界に近付きつつある地球上でグローバルな種族としてどのように平和的に共存し、生き延びるかという問いかけを発したカントに、どう応えるのかが焦点となっています。ここで著者が指摘しているのが、人間の相互依存の高まりと反比例するような道徳の領域の縮小という事態です。さらに有害なことは、あるカテゴリーに属す人々を道徳的責任の及ぶ領域から除外してしまおうとする動きだとしています。それに加えて、それらの人々を道徳的責任の対象外に追いやることからくるやましさを免れ解消するために、その対象外となった人々に負のイメージを付与するという心理作用の持つ問題性も、アラン・フェスティンガーの「認知的不協和論」の助けを借りながら、俎上に載せています。

第５章「面倒で、イライラさせて、不必要な、入場資格を持たない人々」では、ハンガリーのオルバン政権が進める排他的な移民政策がＥＵ全体に波及しようとしている現状がまとめられています。そして、この「移民問題のヨーロッパ化」の実態は、その根本原因である貧困問題を無視した移民問題の治安問題化に他ならないと指摘しています。

第6章「憎悪の人類学的ルーツvs時間拘束的ルーツ」で大きなテーマとなっているのが、オンラインの世界とオフラインの世界に二分されつつある今日の時代状況です。ユーザーが万事にわたってコントロールできて支配者の気分になれて、いつでも「快適な場所《コンフォートゾーン》」に入ることができるオンライン世界の出現は、今日の難問中の難問ともいえる難民問題や移民問題が放置されたり、分かりやすい単純な二項対立の図式に収められたりする状況をいっそう進展させ、加速させる恐れがあります。それに関連して、ツイッターなどのソーシャルメディアを駆使して真偽確認《ファクトチェック》も経ないまま情報を拡散させる「急速情報拡散時代(viral な時代)」にも批判の矛先が向けられています。こうした既成のメディアを介さない情報発信・拡散が、しばしば移民に対する不安や恐怖心を煽ったり、攻撃を働きかけたりするツールとして用いられ、有害な働きをしているからです。本章の最後で著者はガダマーにならって「地平の融合」と対話の重要性を強調しています。

以上のように、本書は、昨年前半に行われたイギリスの国民投票におけるEU離脱の決定や、昨年末のアメリカ大統領選挙の予想外の結果に大きな影響を及ぼし、さらに今年行われるフランスやドイツの選挙結果をも左右しかねないと予想される今日の移民・難民問題を、満杯になりつつあるこの地球の上で人類が今後どう共生していくかという広範かつ根本的な視点とも照らし合わせながら論じたものです。この問題を安全やテロ対策といった国内の治安問題に収斂させてしまうことなく、広い視野を維持したまま、正面から向き合い、深く掘り下げて考えていくためのさまざまなヒントが隠されていると思います。

なお、本文中で多少説明が必要な箇所には適宜補足した点（文中の〔 〕の部分）、各章のタイトルの中にそのままでは理解しにくいものもあったため、一部変更した点をお断りしておきます。また、本書には索引はついていませんでしたが、読者の便宜を考えて人名索引をつけました。

最後に非常にタイムリーな本書の翻訳を勧めて下さり、編集の労をとっていただいた青土社編集部の菱沼達也さんには深くお礼申し上げます。

二〇一七年一月

伊藤　茂

ミラー・シド　Miller, Sid　88
ミリバンド、デイヴィッド　Miliband, David　46, 77
メイ、テレサ May, Theresa　96
メルケル、アンゲラ　Merkel, Angela　96

ヤ行

ユンカー、ジャン＝クロード Juncker, Jean-Claude　47

ラ行

ライシュ、ロバート　Reich, Robert　50-2, 68
ラザフォード、ジョナサン　Rutherford, Jonathan　20
ル・ペン、マリーヌ　Le Pen, Marine　18
レヴィナス、エマニュエル　Levinas, Emmanuel　78, 83
ローラー、エマ　Roller, Emma　108

ワ行

ワインダー、ロバート　Winder, Robert　11

人名索引

ジョンソン、ジェイ Johnson, Jeh 46
スタンディング、ガイ Standing, Guy 33, 53
セネット、リチャード Sennett, Richard 115
ゼマン、ミロシュ Zeman, Milos 86

タ行

ディオゲネス Diogenes 11
トラヴァーズ、アラン Travers, Alan 96-7
トランプ、ドナルド Trump, Donald 50, 52, 68, 108

ナ行

ナルデッリ、アルベルト Nardelli, Alberto 15
ニーチェ、フリードリッヒ Nietzsche, Friedrich 79

ハ行

バーネット、エマ Barnett, Emma 87
バーバー、ベンジャミン Barber, Benjamin 66
ハイデッガー、マルチン Heidegger, Martin 29, 103
バフチン、ミハイル Bakhtin, Mikhail 53-4, 56, 58, 64
ハン、ビュン＝チュル Han, Byung-Chul 58-60, 110
ピーター、ローレンス Peter, Laurence 94
ピラトゥス、ポンティウス Pilate, Pontius 24
フーコー、ミシェル Foucault, Michel 60
フェスティンガー、レオン Festinger, Leon 84, 102, 129
フランシスコ法王 Pope Francis 24-5
フリン、ドン Flynn, Don 92-4
ブレヒト、ベルトルト Brecht Bertold 19
フロフ、ミロスラフ Hroch, Miroslav 65
ページ、ベンジャミン Page, Benjamin 51
ベック、ウルリッヒ Beck, Ulrich 58, 63, 67
ヘロデ王 Herod 25
ボーサン、ピエール Baussand, Pierre 40, 47
ホッブズ、トマス Hobbes, Thomas 61, 111
ホプキンス、ケイティ Hopkins, Katie 88
ホブズボーム、エリック Hobsbawm, Eric 64-6

マ行

マートン、ロバート Merton, Robert 31
マクニール、ウィリアム・H McNeill, William H 72
マルパス、ジェフ Malpas, Jeff 113, 115

人名索引

ア行

アーレント、ハンナ　Arendt, Hannah　79, 81, 100-2
アガンベン、ジョルジョ　Agamben, Giorgio　86
アジェ、ミシェル Agier, Michel　91
アッピア、クウェイム・アンソニー　Appiah, Kwame Anthony　73-4, 116-7
アボット、グレッグ　Abbott, Greg　88
アルチュセール、ルイ　Althusser, Louis　110
イズリー、ナタリー　Ilsley, Natalie　32
ウィトゲンシュタイン、ルートヴィヒ　Wittgenstein, Ludwig　113
エーレンベルグ、アラン　Ehrenberg, Alain　59
オグバーン、ウィリアム・F　Ogburn, William F.　67
オランド、フランソワ　Hollande, François　30-3
オルバン、ヴィクトル　Orbán, Viktor　35-6, 90-1

カ行

カシアーニ、ドミニク　Casciani, Dominic　10
ガダマー、ハンス・ゲオルク Gadamer, Hans-Georg　113-5
カトランボーン、クリストファー　Catrambone, Christopher　38-9
カフカ、フランツ　Kafka, Franz　56, 58, 60
カラッソ、ロベルト　Calasso, Roberto　56
カント、イマニュエル　Kant, Immanuel　24, 75-80, 100-1, 129
ギデンズ、アンソニー　Giddens, Anthony　63
キャメロン、デイヴィッド　Cameron, David　87, 96-7
ギレンズ、マーティン　Gilens, Martin　51
ケニー、ケヴィン　Kenny, Kevin　73
コーエン、ロジャー　Cohen, Roger　36
ゴッフマン、アーヴィング　Goffman, Erving　43, 45
コリア、ポール　Collier, Paul　12-3
コンラッド、ジョルジュ Konrad, George　90

サ行

サルトル、ジャン＝ポール　Sartre, Jean-Paul　29, 103
サンダース、バーニー　Sanders, Bernie　52
サンドブルック、ドミニク Sandbrook, Dominic　87
シュミット、カール　Schmitt, Carl　37
シュワルツ、ジョセフ・M　Schwartz, Joseph M.　52

Strangers at Our Door by Zygmunt Bauman
Copyright © 2016 by Zygmunt Bauman
Japanese translation published by arrangement with
Polity Press Ltd., Cambridge through The English Agency (Japan) Ltd.

自分とは違った人たちとどう向き合うか

難民問題から考える

2017年3月10日　第1刷発行
2018年3月20日　第2刷発行

著者——ジグムント・バウマン
訳者——伊藤茂

発行人——清水一人
発行所——青土社
〒101-0051　東京都千代田区神田神保町1-29　市瀬ビル
［電話］03-3291-9831（編集）　03-3294-7829（営業）
［振替］00190-7-192955

印刷・製本——シナノ印刷

装幀——竹中尚史

Printed in Japan
ISBN978-4-7917-6973-5　C0030